KB042085

나는 오늘도
성공을
준비한다

꿈을 이루어 주는 40가지 행동 강령

나는 오늘도 성공을 준비한다

초판 1쇄 인쇄일 2023년 06월 21일
초판 1쇄 발행일 2023년 07월 07일

지은이 박상황
펴낸이 양옥매
디자인 표지혜
마케팅 송용호
교   정 조준경

펴낸곳 도서출판 책과나무
출판등록 제2012-000376
주소 서울특별시 마포구 방울내로 79 이노빌딩 302호
대표전화 02.372.1537   팩스 02.372.1538
이메일 booknamu2007@naver.com
홈페이지 www.booknamu.com
ISBN 979-11-6752-325-9 (03300)

꿈을 이루어 주는 40가지 행동 강령

나는 오늘도 성공을 준비한다

• 박상황 지음 •

책과나무

목표 설정 · 행동 · 성공의 HOW가 궁금한 당신에게

당신이 이 책을 읽기 전에 생각했던 미래와 이 책의 마지막 장을 넘기는 순간 그리는 미래는 확연히 다를 것이다. 단순 동기부여에 초점을 둔 '성공 포르노', 즉 멋진 명언만 툭 던지고 '대성공'할 수 있다는 식의 자기계발서가 아니다. 만약 타인에게 보여 주기식의 멋진 명언이나 위로의 말들을 기대했다면 당장 책을 덮어도 좋다. 이 책이 지향하는 바와 거리가 멀다.

이 책은 성공을 위한 '방법'을 찾고 '행동'을 계획하는 책이다. 당신도 자수성가한 억만장자 사업가 또는 유튜브 채널의 인플루언서들이 말하는 월 1,000만 원, 순자산 50억, 100억을 꿈꿔 본 적이 있는가? 막연히 꿈만 꾸고, 부러워한 적이 있을 것이다.

그들이 과연 선천적으로 특출나고 비범할까? 우리와 뭔가 확연히 다를까? 절대 그렇지 않았다. 학창 시절 나와 비슷했던, 아니 나보다 성적이 좋지 않았던 친구가 어느 날 문득 성공했다는 소식을 들은 적이 있을 것이다. 비록 세상이 깜짝 놀랄 만한 성공은 아닐지라도 성공은 먼 곳이 아닌 바로 우리 주변에 있다.

그런데 그들을 살펴보면 약간 다른 게 있다. 바로 미래에 다가올 "불확실성에 대한 똑똑한 투자"이다. 사실, 우리는 모두 어떻게 될지 모를 불확실한 미래에 투자하고 있다. 공부를 열심히 한 것, 책을 열심히 읽는 것, 운동을 열심히 하는 것이 무조건 성공을 보장하기 때문에 한 이는 드물 것이다. 중요한 것은 '어떻게'이다.

그럼 과연 그들은 어떻게 자신이 가진 '불확실'의 미래에 투자했는지 함께 그 비밀들을 알아보고, 철저히 분석해 보자. 성공 과정을 살펴보면 우리가 부족했던 2%를 발견할 수 있을 것이다.

이 책은 성공을 위한 세팅, 즉 우리가 각자의 성공이란 목표점에 다가가기 위해 현시대에 구체적으로 무엇을 어떻게 배워야 할지에 대한 방향을 제시하기 위해 기획했다. 또한 이 시대의 롤모델들과 주변에서 볼 수 있는 성공 사례자들의 도전과 삶의 태도와 철학, 노력들을 분석했다. 이를 통해 우리들의 삶에 바로 적용 가능한 방법들을 명확히 제시하고 있다.

크게 우리가 성공을 위해 반드시 믿어야만 하는 것, 마인드 세팅, 성공 불변의 진리, 배움의 방법, 선구자들의 철학과 그들이 택한 방법, 현시대에 꼭 필요한 진짜 워라밸, 우리가 속고 있는 성공의 잘못된 믿음까지, 당신이 500권 이상의 책을 읽는 것과 같은 효과가 있을 것이다. 분명 당신의 삶을 성공적인 방향으로 이끌 거라 확신한다.

인도 속담에는 "하고자 하는 자는 방법을 찾고, 하기 싫은 자는 핑계를 찾는다."는 말이 있다. 필자 또한 무엇이든 될 수 있고, 무엇이든 할 수 있다고 믿는 성공을 갈망하는 도전자이다. 하지만 이것이 흔히 말하는 "행복회로", "무한긍정"의 의미는 절대 아니다. 저 두 단어에 의지한다고 해서 달라지는 것은 아무것도 없다. 분명 꿈을 이루려면 어떤 것은 포기해야 되고 또 다른 어떤 것에는 절실하게 매달려야 한다.

요즘은 절실하거나 간절하면 오히려 될 것도 안 된다는 의견이 팽배하다. 하지만 필자는 이 말에 절대 동의할 수 없다. '무'

에서 시작하거나 또는 위태로운 평범함에 머물러 있는 우리에게 절실함은 강력한 동기부여이자 계획을 실행으로, 상상을 현실로 만들어 주는 최고의 무기이다.

　고등학교 시절부터 직장 생활을 하면서까지 자기계발을 꾸준하게 하며 기술 자격증 10개 이상을 취득하고 간절히 목표했던 대기업에 입사했지만, 회사는 한정적인 삶을 가져다줄 뿐, 나의 욕심만큼 더 윤택한 삶을 안겨 주지는 못한다는 것을 깨달았다. 그렇다. '자기계발'이 아닌 '자기개발'만을 하고 있었던 것이다.

　물론 절대적 빈곤이 아닌, 상대적 빈곤이다. 하지만 나는 한 번 사는 세상, 현실에 안주하고 머무르며 그냥 늙어 가는 것은 죽기보다 싫었다. 그래서 방법을 찾기로 했다. 하지만 몇 년 전까지 나는 자기계발이란 기술자격증이 전부라고 생각했고, 직장 생활 현실에 안주했던 터라 그 방법을 찾기가 너무 막막했다.

　그래서 지난 5년간 500권 이상의 성공학·자기계발·심리학 도서를 살피고 강연을 들으며 인생에서의 행복·성공·자기계발에 대해 공부했다. 거기에 더해 많은 연구 자료와 논문, 신문 기사를 참고하며 성공이란 방법을 찾았다. 이 책은 절실한 마음으로 연구한 결과물이기도 하다.

자신 있게 말할 수 있는 것은 책을 읽은 후, 작은 변화들이 모여 당신이 꿈을 찾고 목표를 명확히 설정할 수 있게 되고, 그 꿈에 비약적으로 가까워질 것이라는 점이다.

들어가기에 앞서 당신은 한 가지 선택을 해야 한다. 원하는 것을 얻어 볼 것인가, 아니면 그냥 이대로 늙어 갈 것인가. 본인의 선택지가 정해졌다면, 그리고 만약 그 선택이 원하는 것을 얻는 것이라면 이 책은 그 '불쏘시개'가 되어 줄 것이다. 나를 위해 두고두고 읽으며 자각하기 위해서 그리고 독자들에게 공유하고 함께 성장하기 위함이 집필의 가장 큰 이유이다. 지금부터 부러움에서 벗어나 변화하고 행동하며 우리의 '이상'과 '현실'의 격차를 좁혀 나가 보자.

2023년 6월

박상황

목차

Chapter 1

변화의 시작, 여섯 가지 믿음

Chapter 2

복잡한 세상에서
중심을 잃지 않는 법

Chapter 3

인생의 반전을 불러오는
단순한 진리

Chapter 4

시간과 돈이 없어도
뻔뻔하게 배우는 방법

Chapter 5

위대한 결과:
선구자들의 자수성가 방법

변화의 시작,
여섯 가지 믿음

멍청한
체력 소모를 멈춰라

미국의 안드레 노먼은 14년간 교도소에서 복역한 범죄자였
다. 심지어 교도소에서 다른 재소자들까지 폭행해 형량이 추가
될 정도로 악질 범죄자였다. 그런 그가 현재는 하버드대학교의
수석 연구원이자 세계적인 강연가로 활동하고 있다는 사실을
아는가? 끝이 없는 인생의 추락을 경험하고 있던 그는 더 이상
범죄자의 삶을 살지 않겠노라 다짐했다.

"나는 집에 갈 거야. 나는 성공할 거야.
그러려면 나는 하버드 대학교에 가야 해."

하버드대학 입학이라는 명확한 목표를 잡은 것이다. 이를 위

16

해 그가 첫 번째로 한 행동은 자신을 둘러싼 주변 환경이나 부모를 탓하며 비난하는 것을 멈추는 것이었다. 그리고 자신이 해야 할 목록을 만들고 자신을 범죄자로 만들었던 분노를 조절하기 위해 분노 관리 수업을 들었다.

목표를 위해 의도적으로 다른 사람이 되려고 노력한 것이다. 또한 출소까지 남은 8년 동안 주변 재소자들의 조롱 섞인 시선에도 불구하고 기본부터 하루 20시간씩 공부했다. 그는 그렇게 이상과 자신이 처해 있는 현실의 격차를 점점 좁혀 갔다.

결국 출소한 지 16년 후인 2015년에 하버드대학교의 선임 연구원이 되었고, 이 성공 스토리로 세계적인 강연가로서의 행보를 이어 가고 있다. 안드레 노먼의 사례에서 볼 수 있듯이 명확한 목표의식은 인생 바닥에 있던 한 사람의 잠재의식을 깨워 인생을 수직 상승시킬 수 있는 강력한 원동력이 되기도 한다.

폐지를 수거하시는 분들, 일용직 노동자, 직장인, 자수성가 사업가들의 공통점이 있다. 이들 모두 성공한 사람들이라는 점이다.

폐지를 수거하시는 분들은 리어카가 터질 정도로 폐지를 수거하는 것이 목표이다. 일용직 노동자는 오늘 일당을 가장 많이 받는 곳에서 일하는 것이 목표이고, 직장인은 칼퇴근, 진급,

부족함 없이 평범하게 사는 것이 목표이다(몇 년 전까지의 나의 목표였다). 자수성가 사업가는 큰돈이 되는 새로운 사업을 확장하는 것이 목표이다. 그렇기에 모두 목표를 이룬 성공한 사람들이다.

우리는 어릴 때부터 꿈을 크게 가지라는 이야기를 많이 듣고 자랐다. 이것이 바로 그 이유이다. 목표의 크기는 성공의 크기와 필연적으로 비례한다. 그리고 그 목표는 반드시 명확하고 선명해야만 한다.

열심히는 하는데 발전은 없는 것 같고 힘들고 지치기만 하다고 느낀 경험이 있을 것이다. 직장인, 학생이라면 대부분 한 번쯤은 해 봤을 법한 생각이다.

그러나 같은 환경에서 생활하더라도 항상 활기가 넘치고 해가 지날수록 눈에 띄게 발전을 거듭하는 사람도 볼 수 있다. 그 발전이 회사에서의 커리어를 위한 것이든 개인적인 자기계발이든 말이다. 그들이 평범한 사람과 다른 한 가지 차이점은 항상 명확한 목표라는 좋은 친구가 따라다닌다는 점이다.

"목표가 있나요?"

평범한 사람들에게도 이같이 질문하면 아이러니하게도 대

부분 있다고 답한다. 그것은 "돈을 많이 벌고 싶다.", "몸짱이 되겠다.", "대기업에 취업하고 싶다.", "행복한 가정을 꾸리고 싶다."와 같이 목표가 아닌 대부분 'How'가 빠진 소망이다.

목표라는 것은 "매달 100만 원씩 저축하겠다.", "주 5일 1시간씩 운동하겠다.", "올해 책 100권을 읽겠다."처럼 수치로 나타낼 수 있어야 하고 구체적인 결과를 확실히 알 수 있어야 한다.

한번 생각해 보자. 도로를 달리는데 내비게이션은 고사하고, 지도와 표지판조차 없다. 내가 아는 것은 오직 목적지가 유리로 된 큰 빌딩이라는 것밖에 없다. 세상에 유리로 된 빌딩은 많다. 그리고 큰 빌딩의 기준도 모른다. 그렇기에 찾아갈 방법이 없다. 할 수 있는 건 오직 정처 없이 돌아다니며 의미 없이 힘든 시간을 보내고 운에 맡기는 것이다. 그나마도 운 좋게 찾으면 다행인 것 같기도 하다.

부자가 되고 싶다는 소망을 가졌지만 방향성이라고는 찾아볼 수 없고, 그때그때 일이 닥치니까 하나씩 하는 목표가 없는 사람의 삶과 크게 다르지 않다. 제자리 뛰기로 전력질주를 하고 있으니 힘만 빠지는 것이 당연하다. 멍청한 체력 소모를 하지 않기 위해서라도 우리에게 명확한 목표 설정은 반드시 필요하다.

인생의 명료한 목적지를 설정하는 것은 올바른 방향으로 똑똑하게 행동하게 하는 힘을 가졌다. 목표가 확실한 사람은 자연스레 자신보다 먼저 목표에 도달한 인물을 찾고, 자신에게 필요한 정보를 수집하게 된다.

일종의 '내비게이션'을 얻는 것이다. 그리고 그것을 결국 자신의 것으로 만든다. 세계적인 기업들도 새로운 분야에 도전할 때에는 내비게이션을 얻기 위해 해당 분야에서 먼저 성공한 타 기업을 선정해 벤치마킹한다. 개인과 기업이라는 집단의 차이일 뿐 똑같은 과정이다.

그럼 지금부터 명확한 목표를 세우는 구체적인 두 가지 방법을 알아보자. 방법은 생각보다 매우 쉽다. 먼저 내가 되고 싶은 것, 하고 싶은 것, 갖고 싶은 것, 반드시 이루고 싶은 것을 신중히 생각해 보고 핵심 목표를 정한다. 정해졌다면 초등학교 때 배운 것을 써먹을 차례다.

바로 마인드맵이다. 핵심 목표를 중심으로 실행해야 될 목표를 마인드맵으로 풀어 본다. 예를 들어 책 집필이 핵심 목표라면 실행해야 될 목표는 관력 서적 읽어 보기, 작문법 배우기, SNS나 블로그에 글을 포스팅하며 연습하기, 자료 수집 정도가 되겠다.

'S.M.A.R.T'하게 목표 작성하기

이렇게 마인드맵이 완성되었다면 이제는 본격적인 첫 번째 방법, 'S.M.A.R.T'하게 목표를 작성하면 된다. S.M.A.R.T란 Specific(구체적인), Measurable(측정 가능한), Action-oriented(행동 지향적인), Realistic(현실적인) Time-bound(마감 기한)의 앞 글자를 따온 것이다.

1. Specific: 구체적으로 작성하기

* 책 읽기 → 경제와 관련된 책 읽기 또는 자기계발서 읽기
* 운동하기 → 3개월 후 바디프로필 준비를 위한 웨이트트 레이닝하기

이처럼 구체적으로 작성하는 것이다.

2. Measurable: 측정 가능하게 작성하기

일주일에 한 권 책 읽기, 3개월에 5kg 감량 등 목표를 수치화한다. 이는 목표를 실행할 때 중간 측정에 용이하고 내용 확인이 가능해서 본인 스스로 피드백할 수 있다.

3. Action-oriented: 행동 지향적으로 작성하기

- 결혼 자금 마련하기 → 매달 100만 원씩 적금을 들어 결혼 자금 마련하기
- 멈췄던 공부 다시하기 → 업무 관련 자격증 2개 취득하기 위한 강의 등록

앞서 언급했듯이 소망을 작성하지 말고 행동 계획을 작성하라는 것이다. 이처럼 행동할 수 있도록 계획을 짜는 것이 좋다.

4. Realistic: 현실적으로 작성하기

1년 목표를 세운다고 가정했을 때 달성하기 무리가 있는 너무 과한 내용으로 목표를 세우다 보면 작심삼일을 반복하기 마련이다. 그렇다고 너무 쉬운 목표를 세우면 빠른 성장을 기대하기 어렵다. 그래서 자신이 많은 노력을 하면 이룰 수 있을 정도의 목표를 세우는 것이 좋다. 다시 한 번 강조하자면 '많은 노력'이다.

5. Time-bound: 마감 기한 정하기

일상생활을 하다 보면 목표하던 바를 미루고 미루다 결국 달성하지 못하는 경우가 많다. 이를 방지하기 위해 목표 달성 데

드라인을 정하고 그 시간 안에 반드시 끝내겠다고 마음먹는 것이 좋다.

현대 경영학의 아버지라 불리는 피터 드러커도 목표 달성을 위해 'S.M.A.R.T'의 중요성을 강조하기도 한 만큼 굉장히 효율적이고 명확한 목표 세우기 방법이 될 것이다.

만다라트 기법 이용하기

두 번째 방법은 만다라트 기법을 이용하는 것이다. 만다라트 기법은 일본의 디자이너 이마이즈미 히로아키가 만들어 낸 기법으로 '목적을 달성하는 기술'이라는 의미를 지닌다. 이 기법은 미국 프로야구 메이저리그 LA에인절스에서 뛰고 있는 일본 선수 오타니 쇼헤이로 인해 유명해졌다. 그는 투수와 타자를 겸업하며 '이도류'라 불린다. 한 시즌에 투수로서 10승과 타자로서 30홈런을 동시에 달성하며, 지금도 메이저리그의 역사를 써 내려가고 있는 인물이다.

: **오타니 쇼헤이의 만다라트 계획표** :

몸 관리	영양제 먹기	FSQ 90kg	인스텝 개선	몸통 강화	축 흔들리지 않기	각도를 만든다	공을 위에서 던진다	손목 강화
유연성	몸 만들기	RSQ 130kg	릴리즈 포인트 안정	제구	불안정 없애기	힘 모으기	구위	하반신 주도
스태미너	가동역	식사 저녁 7수저(가득) / 아침 3수저	하체 강화	몸을 열지않기	멘탈 컨트롤 하기	볼을 앞에서 릴리즈	회선수 증가	가동력
뚜렷한 목표·목적	일희일비 하지 않기	머리는 차갑게 심장은 뜨겁게	몸 만들기	제구	구위	축을 돌리기	하체 강화	체중 증가
핀치에 강하게	멘탈	분위기에 휩쓸리지 않기	멘탈	8구단 드래프트 1순위	스피드 160km/h	몸통 강화	스피드 160km/h	어깨주변 강화
마음의 파도를 안 만들기	승리에 대한 집념	동료를 배려하는 마음	인간성	운	변화구	가동력	라이너 캐치볼	피칭 늘리기
감성	사랑받는 사람	계획성	인사하기	쓰레기 줍기	부실 청소	카운트볼 늘리기	포크볼 완성	슬라이더 구위
배려	인간성	감사	물건을 소중히 쓰자	운	심판을 대하는 태도	늦게 낙차가 있는 커브	변화구	좌타자 결정구
예의	신뢰받는 사람	지속력	긍정적 사고	응원받는 사람	책 읽기	직구와 같은 폼으로 던지기	스트라이크 볼을 던질 때 제구	거리를 상상하기

출처: 스포츠닛폰

이 계획표는 오타니 쇼헤이가 고등학교 1학년 때 작성한 만다라트 계획표이다. 물론 선천적으로 타고난 재능도 있겠지만, 그가 세계 최고의 선수로 군림하고 있는 이유를 잘 보여 준다. 이제 이 계획표를 참조하여 나만의 만다르트 계획표를 작성해 보자.

1. 정중앙에 핵심 목표를 적는다.
2. 중앙 주변 8개의 칸에 핵심 목표를 위한 세부 목표를 적는다.
3. 8개의 세부 목표들을 위해 필요한 하위 목표들을 적는다.

만다르트 기법의 장점은 한눈에 나의 목표를 명확하게 알아보고 피드백을 할 수 있다는 점이다. 또한 아주 간단하게 작성할 수 있지만, 구체적이고 단계적이며 특히 행동으로 빠르게 옮기는 것을 가능하게 한다.

목적지를 알고 길을 나서는 것과 모르고 나서는 것은 시간적으로나 정신적으로나 분명한 차이가 있다. 이 글을 읽고 목표 설정을 마음먹었다가 올해는 이미 반이나 왔으니 내년부터 새 마음 새 뜻으로 목표를 세우고 실행하겠다고 생각하는 사람들이 부디 없길 바란다. 날짜와 시간은 인간이 임의대로 정해 놓은 것일 뿐, 절대적인 것이 아니기 때문이다.

"어떤 바보 같은 계획이든 무계획보다 낫다."

그러니 바로 오늘부터 10년 뒤 혹은 5년 뒤 나의 모습을 그려 보고 계획하며 명확한 목표를 세워 보자. 성공을 위해 훨씬 수월하게 전진하고 있는, 이전과는 달라진 나의 모습을 만나 볼 수 있을 것이다.

기본 없이
기교 없다

"기본이 바로 서면 나아갈 길이 생긴다."

『논어』에 나오는 '본립도생(本立道生)'이라는 구절의 뜻이다. 운동선수에게는 기초 체력과 기본기부터, 주식을 시작할 때는 기초 용어부터, 영어를 공부할 때는 영어 단어부터, 건물을 지을 때는 기초공사를 튼튼히 해야 한다. 이렇게 기본은 모든 영역을 막론하고 가장 중요한 부분이다.

조급한 마음을 가지고 더 빨리 가기 위해 기본을 무시하고 더 어려운 기술을 욕심내거나 편법을 이용하는 사람이 많다. 이는 뿌리를 제대로 내리지 않은 나무와 같다. 뿌리가 제대로 내려지지 않은 나무는 시간이 지날수록 무게를 이기지 못하고 언젠가 쓰러지고 만다. 1995년 삼풍백화점 붕괴와 22년 1월 광주광역시에 공사 중이던 한 아파트가 붕괴하는 사고가 대표적인 예이다.

기본을 철저히 지켰다면 충분히 막을 수가 있었기에 너무나도 안타깝고, 한편으로는 요행의 수를 노렸던 사람들에게 화가 나는 사건이다. 이렇듯 기본이 잡히지 않으면 건물뿐만 아니라 본인이 꿈꿔 왔던 모든 일도 한순간에 무너질 수 있기 때문에 아무리 강조해도 지나치지 않다고 생각한다. 기본이라는 놈은 자신을 무시하고 자만과 교만에 빠지는 우리의 뒤에서 항상 몽둥이를 들고 기다리고 있다.

> "뭐든지 기본이 중요하다. 기본기가 깔려 있어야
> 다음 걸 할 수 있다."

대한민국의 월드클래스 축구선수 손흥민 선수가 한 다큐멘터리에 등장해 한 말이다. 실제로 그는 축구를 처음 접할 때 기본의 중요성을 강조한 아버지의 가르침으로 볼 리프팅부터 시작한 기본기 훈련만 7년을 했다고 한다. 독일의 프로축구 구단인 함부르크에 입단해 프로가 된 후에도 한 시즌을 마무리하고 한국으로 귀국할 때마다 아버지와 왼발 오른발 슈팅 연습만 매

◀ 나는 오늘도 성공을 준비한다

일 500번씩 했다고 한다.

　지독한 기본에 매달린 그는 결국 2021~22시즌 아시아 최초 잉글랜드 프리미어리그(이하 EPL) 득점왕을 차지하며 골든부트를 들어 올렸다. 뒤이어 2022~2023시즌 아시아인 최초 EPL 100호골을 기록하며 전무후무한 기록을 세웠다. 이는 EPL 통산으로도 34번째 기록이다. 최고의 선수로 자리매김한 지금도 여전히 기본기 훈련을 게을리하지 않는다고 한다.

　축구의 유명한 명언에는 "폼은 일시적이지만 클래스는 영원하다."라는 말이 있다. 손흥민 선수를 보면 결국 한 선수의 클래스라는 것은 기본기의 단단함에 있다는 것을 보여 준다. 그런 그에게서 자만과 교만을 찾아볼 수가 없다.

　전 세계적으로 가장 유명한 커피 프랜차이즈는 단연 스타벅스일 것이다. 특히 스타벅스는 커피 프랜차이즈뿐만 아니라 전체 프랜차이즈 중에서도 고객들의 브랜드 충성도가 상당히 높은 것으로 알려져 있다.

　맛있고 저렴하기까지 한 커피 프랜차이즈가 많이 생겼음에도 불구하고 스타벅스의 매출은 날로 성장하고 있고 강력한 팬덤이 유지되고 있다. 그 이유는 스타벅스는 소비자의 감성을 이해하고, 세계적 흐름에 빠르게 반응하며, 다양한 굿즈를 만들어 내는 등 마케팅도 잘한다는 데 있다. 하지만 가장 중요한 것은 기본에 철저하다는 것이다. 이를 잘 보여 주는 유명한 사례가 있다.

2000년대 중반 스타벅스는 영국의 코스타 커피, 캐나다에서는 팀호튼 그리고 저렴한 가격과 좋은 질로 가장 강력한 경쟁 업체로 급부상했던 맥카페(맥도날드에서 시작한 카페사업)로 인해 흔들리기 시작했고, 결국 매출이 떨어지기 시작했다. 이에 하워드 슐츠 스타벅스 CEO는 2008년 2월, 4시간여 동안 미국 내 7,100개 달하는 매장의 문을 닫고 다음과 같은 안내문을 매장 앞에 내걸게 했다.

> "최상의 에스프레소를 선사하기 위해
> 잠시 시간을 갖고자 한다."

그러곤 13만여 명의 바리스타에게 커피 만드는 법을 처음부터 다시 배우게 하였다. 'back to the basic', 즉 기본으로 돌아가겠다는 강력한 뜻을 내비친 것이다. 간단명료하지만 확실하고 올바른 그의 행보에 흔들렸던 단골 고객들의 마음을 돌릴 수 있었고 브랜드의 신뢰도도 더 높게 쌓을 수 있었다. 문제에 직면했을 때는 기본을 돌아보는 것에 정답이 있을 수 있다는,

CEO 하워드 슐츠가 우리에게 주는 교훈이다.

현실에서 기본은 개인이 하고 있는 일마다 다르다. 하지만 어떠한 일을 시작하든지 이 일의 가장 기본이 되는 것은 무엇일까를 고민해 보자. 필자의 경우 글을 쓰다 슬럼프가 찾아 올 때 기본으로 돌아가서 다른 책이나 글을 많이 읽고 짧은 문단을 작성해 보곤 한다. 그렇게 하다 보면 자연스레 일상에서 글감을 찾아내는 통찰력, 누구나 알기 쉽게 글로 나타내는 표현력, 생각과 느낌을 솔직하게 표현할 줄 아는 담대함이 생겨나면서 이전보다 좀 더 발전하고 있음을 느낀다.

운전 초보자일 때는 오히려 운행 중 사고가 나지 않는다. 자신의 부족함을 알고 기본에 충실하기 때문이다. 그러나 경력이 쌓이고 실력이 늘수록 자만에 빠지게 되고 조금씩 과감해지면서 사고를 유발하게 된다. 기본이 무시당해 몽둥이를 드는 것이다.

어떤 취미든 일이든 겉멋만 든 사람이 있다. 이는 주차장에서 운전대를 잡자마자 풀 액셀을 밟는 행위와 같다. 벨트를 매고, 주차 브레이크 풀고, 천천히 주차장 밖을 나서서 도로에 진입해야지만 속도도 낼 수 있듯이 기본이 바탕이 되어야 성장에 속도가 붙을 수 있다.

살다 보면 내가 하는 일이 막힐 때도 있고, 슬럼프가 갑자기 찾아올 때도 있다. 나 또한 이런 문제들로 인해 힘들었던 경험이 많았다. 가는 길에 걸림돌이 나타난다면 지겹게 느껴지더라도 초심으로 돌아가 기본부터 다시 살펴봐야 한다. 그러면 쌓아 온 나의 기본이 자신을 돌아봐 주는 나를 위해 몽둥이를 거두고 문제의 해법을 찾아 줄 것이다.

"성취 뒤에는 또 다른 시작이 기다린다.
힘을 얻기 위해서는 뿌리를 새롭게 하라." - 도교

하루를
퍼펙트하게

오늘 당신의 하루를 회상해 보자. 일 또는 학업으로 인해 지치고, 뭔지 모를 불안감과 찝찝함 속에 하루를 마무리하지는 않았는지 말이다. 만약에 그렇다면 그런 마음을 이겨 내고 퍼펙트한 하루를 살아가는 비법이 바로 일상을 루틴화시키는 것이다.

> "루틴이란 자신을 최상의 상태로 만들기 위해
> 습관적으로 하는 행동이다."

이러한 루틴은 하루를 시작하거나 어떤 일을 할 때 안정감 있는 상태로 진입할 수 있게 도와준다. 쉽게 말해 '나만의 규칙'을 만드는 것이다. 어떤 이들은 루틴에 대해 지루하기 짝이 없다거나, 너무 틀에 박혀 하고 싶은 것을 자유롭게 하지 못해서 좋지 않다고 이야기한다.

그러나 필자는 정해진 루틴이 있기 때문에 갈팡질팡하지 않고 순조로운 일상을 보낼 수 있고, 오히려 다른 것을 할 여유가 생기며 그 속에서 편안함을 느낄 수 있었다. 실제로 정신과 의사들이 우울증 치료에 가장 추천하는 방법이 기상과 취침 시간을 일정하게 유지하고, 시간 맞춰 세끼 식사를 하는 등의 간단한 자기 루틴 만들기이다. 그만큼 루틴은 일탈로부터 정상 궤도로 돌아오는 데 도움을 주고 심리적 안정감에 탁월한 효과가 있다는 이야기이다.

일본의 유명한 소설가 무라카미 하루키는 새벽 4시에 기상해 달리기와 수영을 한 후 글을 쓰고, 저녁에는 독서와 음악 감상으로 하루를 마무리하는 루틴이 있다.

그리고 JYP 엔터테인먼트의 박진영 대표도 매일 7시 30분에 일어나 체중 체크, 올리브오일 한 잔, 영양제와 견과류, 과일 위주의 식사를 하는 것으로 잘 알려져 있다. 작가와 예술인들은 자유로움 속에서 창작 활동을 한다고 생각했는데 의외로 규칙적인 생활을 해 놀라움을 안겨 주었다.

이외에도 신문을 읽는 것으로 하루를 시작하는 투자의 귀재 워런 버핏, 경기 전 고온사우나로 몸을 뜨겁게 달구며 준비하는 야구선수 류현진, 매일 아침에 신문을 읽고 커피를 마시며 가족과 함께 꼭 아침 식사를 하는 아마존의 CEO 제프 베조스까지, 이름만 들어도 알 만한 유명인사들은 사소하지만 일의 효율과 집중력을 향상시키기 위한 도구로 루틴을 활용한다. 그리고 보았다시피 이들의 루틴들은 대부분 그들의 명성에 비해 그리 대단한 것들이 아니다.

미국 A&M대학과 와이오밍대학 연구팀은 직원 400명을 대상으로 3주 동안 아침 패턴 실천 여부 설문 조사를 진행했다. 그 결과 아침 패턴을 지키지 못한 그룹의 업무 생산성과 집중력이 아침 패턴을 지킨 그룹에 비해 현저히 떨어졌고, 불안감을 느꼈다고 국제학술지『인사 심리학』에 발표하기도 했다.

필자도 김승호 회장의 저서『돈의 속성』의 영향을 받아 모닝 루틴을 계획하고 1년째 실행 중인데 긍정적인 효과를 많이 보고 있다. 가장 큰 변화는 아침 기상 시간에 '5분만 더!'라는 게으른 악마를 지워 낸 것이고, 두 번째는 매일 피곤하고 바쁘기만 했던 아침 시간을 활용함으로써 마음의 여유를 가질 수 있을 뿐 아니라 가족과 온전히 즐거운 저녁 시간을 보낼 수 있는 것이다.

현재 필자의 모닝 루틴을 살펴보면, 5시 45분 기상하여 침대에서 기지개 펴기, 이불 정리와 환기, 양치질하기, 물 한 잔 마시기, 전날 독서하다 메모해 놓은 글 읽기, 아침 운동이다. 독서와 다음 날 운동 갈 채비는 자기 전 저녁 루틴으로 하고 있다.

처음에는 6시에 기상해서 기지개를 펴고 이불 정리부터 시작했다. 점점 익숙해질 때쯤 루틴을 하나씩 늘려 나갔다. 하루에 내가 할 수 있는 일이 이렇게나 많았고 이때까지 시간이 없다며 회피했던 과거의 나를 꾸짖기도 했다. 나에게 있어 루틴은 하루하루 성취감을 맛보게 하고 활기를 돋게 한다. 그리고 가장 중요한 것은 지속 가능한 힘과 체력을 얻은 것이다.

그러나 한 가지 주의해야 할 것은 루틴에 대한 과도한 집착과 의존은 루틴을 지키지 못했을 때 오히려 불안감이 커지고 신경질을 부리는 부작용을 불러올 수 있다는 것이다. 우리는 이를 흔히 '징크스' 또는 '강박'이라고 부른다. 이때 꼭 기억해야 할 사자성어가 있다. '과유불급(過猶不及)', 지나친 것은 오히려 화가 될 수 있다는 아주 잘 알려진 사자성어이다.

루틴을 하지 못하는 날이 분명 있다. 스스로 자책하고 안 하면 죽을 것처럼 지나치게 집착하기보다 내일은 무조건 다시 하겠다고 마음먹고 마음을 편히 가지는 것이 이롭다. 하루를 순조롭게 보내기 위한 안전망 또는 보조 수단 정도로 생각해야 긍정적인 효과를 확실히 볼 수 있을 것이다.

　루틴은 운동선수나 유명인사들의 특출난 비법이 아니다. 처음부터 특별한 루틴을 하지 않아도 된다. 중요한 것은 생체리듬에 안정감을 주는 것이고, 꾸준히 반복하는 것이다. 아침에 기상 후 물 한잔하는 것도 좋고, 간단한 스트레칭을 하는 것만으로도 충분히 좋은 루틴이 될 수 있다.

　작은 성취감부터 맛보고 그렇게 익숙해진 루틴을 점점 늘려 가는 것이다. 스스로 하기 조금 힘들게 느껴진다면 무료 루틴 어플을 사용하거나 좋은 루틴을 만들어 나갈 동료들과 함께하는 것도 좋은 방법이다. 혼자서 하는 것보다 동료와 함께한다면 서로가 서로의 관중이 되며 효율을 더 극대화시킬 수 있다. 확실한 것은 나를 지켜보는 관중이 있고 없고의 차이는 상당하다는 점이다.

미라클 모닝을 위한 모닝 루틴

　우리가 가장 먼저 할 수 있는 것은 상대적으로 시간적 여유가 있는 모닝 루틴이다. 또한 하루를 시작하는 단계이기 때문에 그 어떤 시간대의 루틴보다 중요하다. 일찍 일어나 여유 있게 하루를 시작하는 것을 요즘 '미라클 모닝'이라 부른다. 그렇다면 미라클 모닝을 가능하게 만드는 방법에는 어떤 것들이 있을까? 간단히 정리해 보았다.

1. 밤 11시에 잠자리에 든다.
2. 다음 날 아침을 계획한다.
3. 아침을 할 것을 전날 저녁에 미리 준비해 둔다.
4. 모닝 루틴이 나에게 가져올 이득을 항상 생각한다.
5. 주변에 미라클 모닝을 한다고 공개 선언한다.

이 모든 것이 몸에 익숙해지면, 자연스레 나의 루틴이 될 수 있다. 누구나 할 수 있는 것이고, 누구에게나 똑같이 부여된 하루라는 시간을 알차게 보내고, 내 삶을 스스로 통제할 수 있다는 강점을 지녔다. 당신의 하루를 세상의 굴레에 찌든 삶이 아닌, 나를 중심으로 설계된 퍼펙트한 하루로 계획해 보자.

"태도는 아주 사소한 것이지만
그 결과는 거대한 차이다." - 윈스턴 처칠

스몰 스텝

복싱스타 핵주먹 마이크 타이슨의 이야기이다. 1995년 3년 간의 옥살이를 마치고 나온 타이슨은 복귀전을 준비한다. 그러나 프로 스포츠 선수에게 훈련 없는 3년의 공백은 거의 은퇴나 다름없었다.

이런 상황에 놓인 타이슨을 위해 복싱 프로모터 도날드 돈 킹은 한 가지 비책을 고안했다. 팬들의 실망감도 감수하며 복귀전 두 게임을 타이슨보다 한참 실력이 모자란 상대와 경기를 치르게 한 것이다. 이 두 경기는 타이슨의 무난한 승리로 이어졌다. 그렇게 복귀전을 치르고 몇 개월 후 당시 WBC 헤비급 챔피언이었던 영국의 플랭크 브루노에게 도전해 3회전 KO 승리를 거두고 또다시 챔피언에 등극하는 영예를 누리게 되었다.

이후 도날드 돈 킹은 일부러 약한 상대와 복귀전을 치르게 했다고 인터뷰했다. 타이슨이 다시 챔피언에 오르기 위해서는 작은 승리가 필요하다는 것을 그는 알고 있었던 것이다. 타이슨은 옥살이 3년간 승리라는 성취감을 느낄 수 없었다. 그 성취감을 앞선 2경기에서 맛보고 다시 한 번 자신감을 되찾은 것이다. 이처럼 성공이 성공을 낳는 효과를 '승자효과(winner effect)'라 부른다.

목표를 세우고 실행하다 보면 누구나 장애물을 만나기 마련이다. 문제는 그 장애물로 인해 자신감을 잃고 슬럼프에 빠지며 결국 실패로 이어진다는 것이다. 한번 생각해 보자.

"당신의 자신감이 끝까지 떨어진 상태에서
큰일을 해내는 것이 가능하겠는가?"

내 생각에는 불가능하다. 큰일을 하려다 오히려 불안감만 키운다. 슬럼프에서 빠져나오기 위해서는 활력과 충만한 에너지가 필요하다. 그러기 위해서는 나에게 성취감을 선물해 주고, 자신감을 키워 줄 수 있는 시간을 보내야 한다. 그 방법이 바로 '작은 성공의 법칙'이다. 이는 단순히 슬럼프 극복을 위한 것만이 아니다. 작은 점이 모여 선이 되고, 그 선이 큰 그림이 된다는 말이 있다.

고기도 먹어 본 사람이 알고, 성공도 해 본 사람이 안다. 목표 실행 사이사이에 자신이 확실하게 성공할 수 있을 만한 계획을 넣고 성취감을 맛보는 것이다. 앞서 소개했던 간단한 모닝 루틴이 될 수도 있고, 본인이 하루에 꼭 해야 될 일일 수도 있다.

이런 일들을 수행하고 체크리스트에 체크하는 것만으로도 소소하지만 확실한 성취감을 느낀다. 그리고 이 작은 성취감이 다음 더 큰 도전을 가능하게 만든다. 목표에 대한 완벽함을 추구하는 것보다 발전에 포커스를 두고 작은 것부터 성공해 보는 것이다.

자수성가한 이들도 대부분 자신의 성공을 예상하지 못한다. 작은 성공들에 하나하나 집중하다 보니 어느 순간 성공에 도달해 있어 스스로 놀란다고 한다. 자수성가한 부자들을 포커싱한 방송들을 보면 성공의 지름길 같은 것도 없고, 드라마틱한 성공도 없다는 것을 알 수 있다.

일상생활에 활력을 잃어 가고 있다고 느끼면 생업과 무관한 전혀 새로운 분야의 자격증을 취득해 보길 권한다. 꼭 자격증이 아니더라도 결과물이 있는 것이면 된다. 직장 생활 또는 사업에 꼭 필요하거나, 생계를 위한 것이 아니어도 괜찮다. 자격증을 취득했을 때, 결과물을 완성했을 때의 그 짜릿한 성취감을 느끼기 위한 것이라면 그 어떤 것도 좋다.

새로운 자격이나 배움을 터득했을 때의 그 짜릿함은 언제나 새롭게 다가오고 '여전히 나는 해낼 수 있구나!' 하고 자신감을 스스로 북돋아 주는 데 큰 힘이 된다. 거기에다 스펙도 쌓여 가니 일석이조의 효과가 있는 셈이다. 더 좋은 건 오직 나만의 성취감을 위해서 했을 뿐인데, 좋은 기회가 뚝 떨어지기도 한다는 점이다. 정말 세상에 배움에 있어 쓸모없는 노력은 없다는 것을 느낄 수 있다.

지인 A씨는 이름을 대면 누구나 알 만한 대기업에 다니고 있었다. 직장 생활 4년차쯤 되자, A씨는 본인의 사업을 하겠다며 퇴사를 결심했다. 그러나 이후 행보가 이해되지 않았다. 분명히 사업을 한다고 했는데 한 어르신 밑에서 전국 팔도를 돌아다니며 과일 장사를 하는 것이다. 모두들 의아해하며 그 친구의 성공을 의심했다.

그러나 3년 후, A씨는 공장을 증설하고 어엿한 사장의 모습을 하고 있었다. 그가 전국 팔도를 과일 장사를 하며 돌아다닌 것은 각 농장과의 가격 협상과 부족한 비즈니스적 인간관계를 배우기 위해서였다고 했다. 그리고 돌아다니며 찾게 된 좋은 과일과 채소를 선별해 온라인 마켓으로 직접 홍보하고 팔아 보는 등 작은 성공을 지속적으로 이루어 낸 것이다.

그리하여 얻은 노하우로 현재는 많은 식당에 신선한 계란과 채소 등을 납품하며 연 매출 120억 원을 올리고 있는 젊은 사장이 되어 모두의 부러움을 사고 있다.

> "산을 오르는 게 겁날 때 이를 극복하는
> 가장 좋은 방법은 작은 언덕부터 넘는 것이다."

미국 미시간대 교수 칼 와익(Karl weick)이 한 말이다. 시련에 내성이 강한 사람들은 칼 와익 교수가 말하는 것처럼 작은 언덕을 자주 그리고 많이 넘어 봤기 때문에 자신이 꼭 성공할 수 있다는 자신감을 항상 가지고 있다.

우리라고 못할 것은 없다. 목표를 향해 달려가다 어려움이 닥치면 머무르는 대신 조금 더디지만 그럼에도 그 빈틈을 작은 성공으로 채워 가며 앞으로 전진해 보자. 머무르는 것은 곧 퇴보하는 것이라 했다. 당신이 퇴보를 선택할 것이었다면 이 책을 펼쳐 보지도 않았을 것이라 생각한다.

가치 없는 곳에 취하지 말고, 작은 성공의 성취감에 중독되고 취해 보자. 나는 오늘 당신이 목표한 첫 작은 성공이 기대된다.

비범한
사람들의 종교

> "평범한 사람은 비웃지만,
> 비범한 사람들은 맹신하는 것은 무엇일까?"

다소 진부할 수 있지만 '독서'이다. 어떤 자기계발서를 읽어도, 어떤 유명인의 책을 읽고 강연을 들어도 독서의 중요성은 꼭 언급된다. '너무 흔한 이야기 아니야?'라고 생각하는 당신에게 그 흔하고 쉬운 방법을 잘 실천하고 있는지 묻고 싶다.

나 또한 과거 독서를 등한시했던 한 사람으로서 그 질문에 '네'라고 확고히 답하는 데 꽤 오랜 시간이 걸렸다. 우리가 잘 알고 있는 전 세계적으로 유명한 빌 게이츠와 같은 사람들의 독서 습관과 같은 이야기는 잠시 접어 두고, 필자가 왜 책을 읽게 되었는지 그리고 읽으며 실제로 삶의 무엇이 변화되었는지 소개해 보려 한다.

어릴 때부터 우리는 어른들로부터 책을 많이 읽으라는 잔소리를 수도 없이 들어왔다. 지금도 미디어에서 우리나라 평균 독서량이 너무 저조하다며 책 읽기를 권고한다. 나도 대한민국 평균 독서량을 떨어트리는 데 일조할 만큼 책과는 거리가 멀었다.

그러던 어느 날, 도대체 왜 책을 많이 읽으라고 하는 건지 의문이 생겼다. 검색도 해 보고 영상도 보고 책을 좋아하는 사람에게 질문도 했다. 그들이 전하는 답은 똑같았다.

"인생의 지혜를 쌓을 수 있다. 지식을 얻는다.
시행착오를 줄일 수 있다. 뇌의 선순환을 돕는다.
마음의 안정감을 찾도록 도와준다."

다소 추상적인 이야기였다. 애초에 책을 읽지 않았던 나와 같은 사람들에게는 전혀 동기부여와 공감이 되지 않는 이야기였고 결국 자연스레 책과 담을 쌓았다.

그렇게 세상에 순리대로 평범하기 그지없는 20대의 삶을 쳇바퀴 구르듯 살아가던 중 나이대가 비슷한 사람들이 하나둘 크고 작은 성공을 하는 것을 지켜보았다. 너무 멋있었고 한 편으로는 '어떻게 저런 생각을 했지?'라는 생각이 들었다. 나도 그렇게 멋진 삶을 한번 살아 보고 싶었다.

그리하여 했던 행동이 '인생의 멘토를 찾아다니는 것'이었다. 하지만 평범한 직장인인 내가 성공한 사람들을 막연하게 찾아다니고 그들의 이야기를 듣는 것은 쉽지 않았다. 아니, 사실 무모했다. 바쁜 그들이 평범한 나를 만나 길게 시간을 내기도 힘들었고, 자신의 노하우를 쉽게 내줄 리 없었기 때문이다.

그렇게 헤매던 중 운 좋게도 억만장자 멘토를 만나게 되었다. 그는 내가 시간만 되면 언제든지 채찍과 당근을 주며 나에게 아낌없이 가르침을 주었다. 나에게 많은 걸 알려 준 첫 멘토는 바로 엠제이 드 마코이다. 그를 처음 만난 곳은 평소 쳐다보지도 않던 방구석의 책장이었다.

멘토를 찾고, 성공을 고민하던 내가 책 제목만 보고 무심코 집어 든 첫 책이 엠제이 드 마코의『부의 추월차선』이다. 책과 담을 쌓았지만 그 책의 첫 페이지를 읽는 순간의 충격과 뒤에 이어질 내용에 대한 궁금증으로 담을 허물고 첫 완독이라는 결과를 낳았다. 그리고 더 많은 멘토들을 만나 보고 싶어졌다.

그 후 자기계발서적을 시작으로 사회, 심리, 정치, 경제, 역사,

자서전, 실용서적까지 읽으면서 많은 이들을 만나 왔다. 최고 전문가의 경험담이나 노하우를 시간과 장소에 구애받지 않고 배울 수 있었다. 그리고 무엇보다 조언과 도움을 받으려고 아쉬운 소리를 하지 않아도 생각의 틀을 넓히고 그들의 삶을 엿볼 수 있다는 것이 나로서는 큰 매력으로 다가오지 않을 수 없었다.

독서하면 빼놓을 수 없는 요즘 인물이 바로 유튜버이자 베스트셀러 『역행자』의 저자 자청이다. 그는 학창 시절 내내 공부, 돈, 외모에서 학교 꼴찌였으며 스스로 열등한 존재라고 생각했다.

스무 살이 된 그는 월 130만 원을 받고 공장에서 일하며 원룸에서 게임만 하는 삶을 살았다고 한다. 그리고 그것이 행복이라 믿었다. 그랬던 그가 30대 초반인 현재, 일하지 않아도 월 1억씩 버는 자동수익을 완성하는가 하면, 동시에 총 6개의 사업과 4개의 지분투자 사업을 하고 있는 사업가로 변신했다. 어떻게 이런 일이 가능했을까?

글 읽는 것을 싫어했던 그가 외모 콤플렉스와 사람의 눈도 제대로 못 마주치는 서투른 인간관계를 개선하고 싶어 대화법 책을 처음 읽었다고 한다. 후에 책에서 알려 준 대로 실천했더니 실제로 인간관계가 좋아진 것을 보고 이렇게 느꼈다.

'게임처럼 인생에도 공략집이 있구나!'

그 후로 여러 책을 통해 공략을 얻었고, 그의 인생은 혁신적이게 변했다고 한다. 자청은 독서를 시작한 것이 인생의 기적이라고까지 이야기했다.

독서의 긍정적인 변화

힘든 노동으로 월 130만 원을 벌던 그가 월 1억의 자동 수익화를 만든 대단한 효과가 입증된 사례를 보고도 필자가 독서를 안 하면 너무 손해라는 생각에 양을 늘리며 더 읽고 나의 생각을 정리하다 보니 나에게도 효과가 더 극대화되어 눈앞으로 나타났다.

물론 읽었던 책의 내용이 모두 기억나지는 않지만, 독서를 하면서 얻게 된 긍정적인 변화는 분명하다고 자신 있게 말할 수 있다. 찾아온 여러 변화 중 가장 큰 부분을 차지하는 것을 크게 다섯 가지로 정리해 볼 수 있다.

1. 추상적이라 생각했던 강의·강연들이 이해되기 시작한다.

2. 창의력에 좋은 재료들이 쌓인다.

3. 언행이 긍정적인 방향으로 바뀐다.

4. 인생에서 중요한 선택의 기준점이 잡힌다.

5. 부정적인 것들에 흔들리지 않는 멘탈 관리 스킬이 생긴다.

번외로 가정의 분위기가 눈에 띄게 좋아졌다. 이는 모두 해당 분야에서 가치를 인정받은 최고 전문가들이 쌓아 온 양질의 지식 덕분이다. 다른 건 그렇다 치더라도 "책을 읽고 가정의 분위기가 어떻게 좋아져?"라고 한 지인이 내게 물었다. 책을 통해 감사하는 마음, 대화의 방법뿐 아니라 화를 내는 것은 결국 나의 손해라는 점과 스스로 통제 불가능한 일에 괜한 스트레스를 받는 대신 받아들이는 것이 좋다는 것을 배웠고 그것들을 실천하다 보니 자연스레 가정의 분위기가 좋아졌다고 답했다.

이외에도 평소 무지했던 SNS 활용법, 효율적인 돈 관리, 기후 위기와 그 반대되는 의견, 미래 인간의 삶과 기술, 멘탈관리법, 육아, 심리학 등 많은 것을 간접 경험하며 필요한 것을 그때그때 꺼내어 쓸 수 있었다. 지식의 범위가 넓어진다는 말을 깨달았고, 그 속에서 작가와 강연가라는 또 다른 꿈을 찾을 수 있었다. 독서야말로 이미지 세탁을 가장 현명하고 합법적으로 하는 방법이라고 생각한다.

사람마다 책 읽는 방법은 모두 다르다. 어떤 이는 다독을 권유하고, 어떤 이는 정독을 권유한다. 작가가 책을 집필할 때는 자신이 가지고 있는 모든 것을 쥐어짜 낸다. 나는 그들의 다양한 지식과 지혜를 꼭꼭 씹고 뿌리까지 흡수하고 싶었다. 그래서 정독을 택했다.

책을 읽다 유익한 부분이나 아이디어가 될 만한 것들은 독서 메모장에 수기(필사)로 적어 놓는다. 이 방법의 장점은 바쁜 아침 시간이나 자투리 시간에도 핵심 요약처럼 빠르게 읽을 수 있고 다시 한 번 책의 내용을 상기할 수 있어 오래도록 기억에 남는다는 것이다.

근래에는 장거리 운전할 때나 책을 읽을 수 없는 상황이 오면 오디오북도 자주 듣는다. 유용하지만 기록을 할 수 없어 오래 기억하기는 다소 힘들었다. 독서를 습관화하기로 마음먹었다면 독서노트를 만들어 메모해 보길 바란다. 또한 본인만 알고 본인만 보는 독후감을 쓰기보다는 가끔 각 시·도에서 시행하는 독서공모전에 자신의 감상문 작품을 제출해 보는 것을 적극 추천한다. 책 한 권을 보다 효과적으로 자신의 것으로 만들 수 있을 것이다.

나에겐 3살 된 예쁜 딸이 있다. 딸이 아침에 일어나자마자 내가 하는 것이 책 읽어 주기이다. 그 이유는 크게 두 가지이다. 첫째, 아이가 커 가면서 국·영·수보다 중요한 것이 책을 통한 넓은 배경지식으로 스스로 생각할 수 있게 하는 능력이라는 것을 알려 주고 싶었기 때문이다. 둘째, 선택의 연속인 인생에 더 나은 선택을 하도록 돕기 때문이다.

물론 독서가 무조건 성공을 보장하는 것은 아니다. 그러나 본인에게 변화의 의지가 생겼고, 변화를 꾀하고 있다면 독서는 필수 영역이다. 가장 중요한 것은 책을 읽는 것만으로 끝나는 것이 아닌, 책에서 전한 두세 가지의 방법들을 선정해 직접 실천해야만 한다는 것이다. 실천 없이 그냥 책만 읽는 것은 취미에 불과하다.

오늘부터 넷플릭스의 신작을 기대하는 대신 대형서점의 신작을 기대하고 평범함에 물든 이미지를 깨끗하게 세탁해서 비범한 그들의 삶을 한번 좇아 보는 것은 어떨까.

"한 권의 책을 읽음으로써
자신의 삶에서 새 시대를
본 사람이 너무 많다." - 헨리 데이비드 소로

독서 실천 5계명

1. 읽던 읽지 않던 책은 항상 가까이하기

언제든지 책을 펴고 단 5분, 한 장이라도 읽을 수 있는 환경을 만든다.

2. 대형서점을 한 달에 한 번은 무조건 가기

대형서점을 둘러보는 것만으로도 효과가 상당하다. 산책하듯 둘러보다 보면 눈에 들어오는 제목이나 평소 좋아했던 유명인의 저서를 발견하게 되고 호기심이 생긴다. 그 호기심이 구매와 독서로 이어지는 경우가 많다. 거기에 더해 최근 트렌드를 한눈에 파악할 수 있다.

3. 인터넷 서점 적극 활용하기

대형서점에 도무지 발길이 닿지 않는다면 스마트폰으로 yes24, 알라딘 등 인터넷 서점에서 광고하는 책들을 5분 정도의 시간만 할애해서 본다. 한 가지 꿀팁을 주자면, 광고하는 책이나 베스트셀러 순위를 보고 끌리는 책이 있다면 '미리 보기' 기능을 적극 이용하자. 책의 앞부분 30페이지 정도를 볼 수 있다. 책의 중요한 부분은 대부분 30페이지 이내에 있다.

4. 오디오북 듣기

앞서 오래 기억하기는 다소 힘들다고 했지만, 단점을 이야기한 것은 아니니 오해하지 말길 바란다. 출퇴근 시간, 운동할 때, 집안일 중에도 책의 내용을 들을 수 있어 바쁜 현대인에게 멀티태스킹의 능력을 선물해 준 고마운 존재이다.

5. 쉬운 책부터 읽어 보기

책을 읽을 때는 자존심을 내려놔야 한다. 처음부터 이해하기 어려운 책을 보면 흥미를 잃게 된다. 이해하기 쉬운 에세이를 읽는 것도 좋고, 만약 생소한 전문서적을 보고 싶다면 초등학생용부터 읽는 것을 추천한다. 이해하기 쉬워야 흥미가 생기고 거기서부터 독서의 가지가 뻗어 나간다.

흔들리면
실패 확률 99%

칭찬을 받고 째질듯 기분이 좋았거나, 비난을 받아 자책을 한 경험이 있을 것이다. 칭찬과 비난은 누구나 안고 사는 삶의 일부이다. 때론 칭찬에 춤을 추기도 하며, 비난에 고개 숙인 벼처럼 기가 죽기도 한다. 그러나 칭찬이 꼭 좋은 것도 아니고 비판이 꼭 나쁜 것만도 아니다.

건설적인 비판은 오히려 역경을 이겨 내는 데 도움이 되기도 한다. 반면 칭찬은 간혹 노력하고 있는 우리를 방심시키기도 한다. 그만큼 우리의 가치관에 큰 영향을 끼치는 위험한 존재이다. 나의 잘못된 판단으로 비판을 받았을지라도 인정하고 반성하며 충분히 고칠 수 있는 것이라면, 스트레스받으며 밤새도록 고민하고 괴로워할 필요가 없다. 또한 칭찬을 듣고 싶어 과도한 행동을 할 필요도 없다.

결국 마음의 병을 얻는 것은 그런 잔바람에 흔들리는 자신에게서 비롯된다. 스스로 어떻게 받아들이느냐에 따라 극명한 차이가 난다. 칭찬과 비난에 이끌려 다니면 아무 일도 할 수 없다. 자신의 대한 믿음을 키우고, 가치관의 중심이 똑바로 서 있어야 하는 이유이기도 하다.

> "배는 배 밖의 물이 아니라 배 속의 물 때문에
> 침몰하는 것이다." - 홍정욱 『50 홍정욱 에세이』

칭찬은 고래도 춤추게 한다는 말이 있는데, 칭찬이 과연 좋기만 한 것일까? 칭찬이나 인정을 받으려고 하다 보면 타인을 의식해 무리하게 일을 추진하다 오히려 일을 그르칠 수 있다. 이는 자신의 생각과 감정을 지나치게 타인에 맞추려고 하기 때문이다.

물론 당신이 너무 잘했고 멋진 일을 해내서 한 진심 어린 칭찬일 수도 있다. 하지만 사실 듣기 좋으라고 하는 빈말이거나 위로의 말이 대부분이고, 그 실체 또한 명확하지 않다. 일희일비해서 무작정 춤추다가 바보가 될 수도 있다. 그렇기에 칭찬은 그저 기분 좋게 받아들이는 데서 멈추는 것이 좋다.

그리고 중요한 것은 칭찬은 보통 윗사람이 아랫사람에게 하는 수직적인 관계에서 이루어진다는 점이다. 상대가 윗사람이 원하는 대로 했기 때문에 아랫사람에게 칭찬을 하는 것이다. 이에『미움받을 용기』의 저자 심리학자 알프레드 아들러는 칭찬이란 남을 평가하는 측면이 있으므로 칭찬보다는 감사를 표하라고 전하기도 했다. 타인의 가치관에 온전히 나를 맡겨서는 안 된다. 받아들일 것은 칭찬이 아니고 오히려 나를 변화시킬 수 있는 비판이다.

직장 생활을 하다 보면 간혹 업무의 성과가 좋은 것은 당연한 것이고, 잘하지 못한 것에 대해서는 곧장 비난의 화살이 꽂히는 경우가 있다. 또는 아홉 번 잘하고 한 번 못한 경우도 비난의 대상이 되곤 한다.

우리 사회가 칭찬에 인색하고 비난이 더 많은 이유는 칭찬은 '논리적인 영역'이고 비난은 '감정적인 영역'이기 때문이기도 하다. 그렇다고 해서 비난을 무조건 받아들이고 고쳐야 된다는 말이 아니다. 흔들리지 않기 위해 가장 중요한 비난과 비판을 구분 지을 수 있는 본인의 명확한 기준점과 이를 대처하는 현명함이 필요하다.

비판은 기본적으로 상대에 대한 이해와 존중, 명확한 논리가 있는 것이다. 쉽게 말해 부모가 아이에게 하는 훈육이나, 신문의 칼럼에 실리는 정치권을 향한 쓴소리는 비판이라고 볼 수 있다. 생각하는 논리와 근거가 명확하고 지적에서 그치기 때문이다.

비난은 상대방의 행동에 대해 본인 스스로 윤리적 판단을 함으로써 지적을 넘어 원색적으로 상대를 비방하는 것이다. 심한 경우에는 개인적인 감정으로 미운 상대를 향한 인신공격 또는 막말로 이어지는 경우도 있다. 특히, 비난에 익숙한 사람은 '자기가 최고'라는 우월감이 있는 동시에 열등감도 가지고 있다. 대표적인 예가 연예인에 대한 악성 댓글이다.

비난에 대처하는 방법

비난 또한 칭찬과 마찬가지로 그 실체가 명확하지 않은 경우가 많다. 때문에 우리가 비난에 지나치게 예민하게 반응하는 것은 어리석은 행동이다. 정작 비난에 익숙한 사람은 자신이 누군가 비난했다는 것을 금방 잊는다.

1. 흥분할 필요가 없다.

나를 비난하는 사람은 기본적으로 나에 대한 애정도 없이 단면적인 상황을 보고 자기와 생각이 다르면 비난하는 경우가 많다. 그러니 어떠한 의미도 없는 것이고, 흥분할 필요도 없다. 흥분을 하게 되면 비난한 사람의 의도대로 잘 말려들어 가는 꼴이다.

2. 자책하지 말라.

또한 그런 사람들의 말 한마디에 속으로 내가 잘못된 사람이라고 스스로를 자책하지 않았으면 좋겠다. 남을 위로하듯이 오히려 나를 감싸 주고 내 편이 되어 주는 것이 현명하다.

3. 감정 조절을 잘하자.

가장 중요한 것은 가벼운 칭찬을 흘려듣듯이 무례한 인간들의 의미 없는 비난도 흘려들으려는 자세와 감정 조절이다.

"근본적으로 일은 우리가 다른 사람들과 형성하는 관계의 질과 관련 있다. 높은 수준의 정서적 자기감정 인식 및 자기감정 조절이 가능한 사람은 자신의 육체적·정신적 건강을 잘 돌볼 수 있다."

BBC뉴스코리아(22.10.16.)에 발표한 매사추세츠 힐트국제 경영대학원(Hult MBA) 에이미 브래들리 교수의 입장이다. 요즘 기업에서는 리더를 임명하거나 승진시킬 때 감정 조절을 잘하는 사람, 즉 감성지수(EQ)가 높은 사람을 필수 자질 중 하나로 꼽는다고 한다. 만약 리더가 자신과 다른 사람들의 감정 때문에 일에 지장을 받는다면, 업무를 생산적이고 지속 가능하게 끝내는 것이 매우 어려워지기 때문이다.

비판에 대처하는 방법

그렇다면 나에게 날아온 비판에 대해서는 우리는 어떤 마음으로 어떻게 대처하며 감정을 조절해야 될까?

1. 비판인지 비난인지 잘 파악한다.

자신이 받은 비판에 정당화되지 않고, 순전히 악의적인 의도로 나에게 해를 입히는 것이 목표인지 잘 파악해야 한다. 그것이 만약 비난이라면 앞서 언급한 대로 생각하는 것이 도움이 될 것이다.

2. 어조보다 의도가 무엇인지 생각한다.

누군가 비판을 할 때는 차가운 표정이나 목소리로 말하거나, 흥분 상태에서 말을 내뱉는 경우가 많다. 하지만 그 속에 있는 흥분된 감정을 배제하고 상대방이 하는 비판의 진짜 의도와 하고자 하는 제안에 집중하는 자세가 필요하다.

3. 열린 마음으로 비판을 바라본다.

실수했다고 실패가 아닌 것처럼 비판을 받았다고 해서 나의 가치가 떨어지는 것이 아니다. 비판에는 대부분 근거와 그 이유가 명확하다. 분명히 그 말 속에 배우고 개선해야 될 부분이 있기 마련이다. 비판을 받을 때 반감이 생기는 것은 누구나 마찬가지지만, 적어도 '나'는 열린 마음으로 한번 바라보겠다고 다짐해 보자.

4. 받은 비판을 근거로 한 본인만의 의사결정을 한다.

비판에 서로 다른 입장이 있을 수 있기 때문에 비판에 대한 의견을 100% 수용하고 인정해서는 안 된다. 비판에 대한 변화가 나에게 도움이 되는 것인지, 아닌지를 판단하고 도움이 된다면 적극적으로 바꿔야 한다.

5. 나를 위한 비판에 감사한다.

『10배의 법칙』의 저자이자 자수성가 억만장자 그랜트 카돈은 "비판은 성공의 신호다."라고 했다. 비록 비참할 수 있겠지만, 의사결정 후에 나에게 도움이 되었고 더 발전할 수 있다면 그 비판에 감사하는 마음을 가져야 한다. 비참함 속에 필요한 것을 찾아내는 능력을 지닌 사람이야말로 성공 가능성이 월등히 높은 강한 멘탈의 소유자이다.

"완벽한 인간은 다른 사람을 비난하지 않는다."

아리스토텔레스의 말처럼, 누구나 칭찬하거나 비난 혹은 비판을 할 수 있다. 우리는 완벽한 인간이 아니기 때문이다. 그러나 칭찬·비난·비판을 하기 전에 잠시 동안 내가 왜 칭찬과 비판을 하려고 하는지, 개인적인 감정의 표출은 아닌지, 상대를 위한 것인지 다시 한 번 생각해 보는 여유를 가져 보는 것은 어떨까? 또한 타인의 칭찬과 비난에 흔들리지 않겠다는 굳건한 정신과 비판에 대처하는 현명함을 가지고 내면의 단단함을 키워나가 보자.

Chapter 2

복잡한 세상에서
중심을 잃지 않는 법

당신은
절대 빛나지 않는다

미디어를 통해 20대 청년들에게 가장 많은 울림을 준 두 명의 방송인이 있다. 바로 방송인 김제동, 서장훈이다. 하지만 두 사람의 강연에는 분명 호불호가 갈린다. 어떤 내용인지 두 방송인의 강연 내용을 요약해 보았다. 먼저 김제동 강연의 한 부분이다.

오늘날 팍팍한 취업의 관문에 힘들어하는 20대 모습을 대변하듯 취업 문제로 힘들어하는 한 학생이 김제동에게 고충을 토로했다. 이에 김제동은 이렇게 이야기한다.

> "아무것도 안 하면 쓸모없는 사람입니까?
> 괜찮아, 그냥 그렇게 있으면 돼. 있는 그대로 이쁘다."

◀ 나는 오늘도 성공을 준비한다

이에 방청객들은 감동하고 눈물을 훔치는 방청객도 있었다. 역시 사람의 마음을 위로해 주는 따뜻한 이야기는 김제동이 단연 최고라고 생각했다.

두 번째는 서장훈 강연의 한 부분이다.

"내 꿈을 이뤄 보겠다 하는 사람에게 즐기면 된다는 이야기는 얼토당토않은 이야기입니다. 즐겨서 되는 것은 없습니다. 자신에게 냉정해지세요. 즐기는 사람을 이길 자 없다? 다 뻥이에요."

즉, 꿈을 이루기 위해서는 엄청난 노력이 동반되어야 한다는 이야기이다.

두 방송인의 강연은 내용적인 면에서 분명 서로 다른 울림을 주었다. 나는 김제동의 강연에 감동받고 위로의 메시지를 받을 수는 있겠지만, 현실적으로 나의 발전을 위해서는 서장훈의 강연 내용을 뼈아프지만 받아들일 수밖에 없었다.

우리는 자신에게 냉정해져야 한다. 모두가 선망하는 좋은 회사에 취업하기 힘들고 집값도 천정부지인 이 시대에 타고난 금수저가 아닌 이상 정말 아무것도 하지 않으면 우리는 절대 빛날 수 없다.

아무런 노력도 하지 않는 사람이 좋은 곳에 취직하고 부자가 되었다면 서울대는 우리나라 최고의 명문대가 될 수 없었을 것이고, 삼성은 세계적인 그룹이 되지 못했을 것이며, 전쟁 직후 거의 폐허가 된 우리나라는 아직 1960~70년대에 그대로 머물러 있었을 것이다. 잘 생각해 보면 노력 없이 찬란하고 안락한 미래를 기대하는 것이야말로 뼈를 깎는 노력을 해서 꿈을 이루고 성공한 사람들 입장에서는 더 불공정한 사회가 아닌가 싶기도 하다.

"모든 개인이 원하는 바를 할 수 있도록 보장한다면 필연적으로 평등에 금이 간다." - 유발 하라리 (『사피엔스』)

　실제로 서장훈은 선수 시절 대한민국 국보급 센터라는 별명이 있을 만큼 대단한 선수였다. 그는 시합 전에 전쟁에 나가는 장수의 심정으로 방을 깨끗이 청소하고, 깨끗이 씻고, 구도자의 자세로 시합에 임했다고 한다. 이런 습관들이 지금까지 이어져 결벽이 되었다고 이야기했다. 많은 대중들이 그의 결벽증을 이해하는 순간이었다.

　또 시합 후에는 항상 경기를 다시 보고 스스로에게 냉정한 평가를 내리고 다음 시합에는 같은 실수를 하지 않겠다고 다짐했다. 그는 단 한 번도 시합이 만족스러웠던 적이 없었다고 했다.

'아! 저 사람이 괜히 상담 프로그램에서 일침을 날리고, 건물주가 된 것이 아니구나. 역시 그럴 만한 이유가 있었다.'라고 생각했다. 나는 서장훈 씨만큼 나의 꿈을 위해 스스로에게 냉정해 본 적이 있는가? 오늘은 서장훈 씨의 힘을 빌려 반성하며 나의 뺨을 툭툭 쳐 본다.

동기부여를 위한 명언들

다음은 독자들의 동기부여를 자극하기 위해 서장훈이 방송 프로그램에서 한 명언들을 간단하게 추려 보았다.

1. 즐겨서는 최고의 결과를 얻을 수 없다. (청춘페스티벌 中)
2. 성공을 원한다면 냉정해지세요. (청춘페스티벌 中)
3. 젊었을 때 숙이고 살아야 나이 먹고 허리 펴고 산다. (무엇이든 물어보살 中)
4. 돈이 행복의 전부는 아니지만 나의 소중한 것을 지킬 수 있게 해 준다. (무엇이든 물어보살 中)
5. 남의 돈 빌려서 네가 껍데기만 있으면, 그게 무슨 의미가

있니? (무엇이든 물어보살 中)

'자강불식(自强不息)'은 강해지고자 스스로 잠시도 쉬지 않고 노력한다는 뜻으로, 중국 최고 명문 중 하나인 칭화대학교의 교훈이기도 하다. 요즘은 노력을 '노오오오력' 또는 '노력충(蟲)'이라고 비꼬는 말이 많다. 노력해도 안 된다는 뜻이다. 그렇게 생각하면 그건 당신의 자유다. 나와 의견이 조금 다를 뿐이다.

다만 피겨여왕 김연아는 한 동작을 익히기 위하여 1만 번을 연습했고, 세계적인 농구스타 마이클 조던은 "나의 명성은 코트 위가 아닌 체육관에서 비롯됐다."고 이야기했다. 이들은 타고난 재능을 가졌음에도 매일같이 피나는 노력으로 최고의 자리에 올랐다.

타고난 외모와 키 그리고 학벌까지 좋은 연예인이라 할지라도 아무것도 하지 않으면 빛나는 스타가 되지 못한다. 톱스타 반열에 오르기 위해 외모 가꾸기와 운동, 식단은 기본이며 연기, 춤, 노래, 심지어 예능까지 입에서 단내가 날 정도로 노력해도 경쟁력을 뚫고 올라서기 쉽지 않다.

운동선수, 연예인이 아닌 어떤 분야에서든 우리는 인정받길 원하며 그에 따른 보상도 받길 바라고 빛나는 존재가 되길 원한다. 그러나 당신만을 위한 스포트라이트는 없다. 자신의 가치는 스스로 만들어야 한다. 청춘을 즐기라는 달콤한 말에 속지 말고, 어려서 괜찮다는 말에 속지 말자. 달콤한 사탕이 건강에 좋다는 말은 들어 본 적이 없다.

"freedom is not free."

'자유는 공짜가 아니다.'라는 뜻으로, 미국 워싱턴 DC에 있는 한국전참전 기념 공원에 새겨져 있는 글이다. 우리가 누리고 있는 자유도 우리의 아버지 세대 혹은 할아버지 세대들의 피와 땀으로 완성되었다. 이 문구를 현시대 우리의 기준으로 조금 다르게 해석하자면, 경제적 자유는 결코 거저 얻어지는 것이 아니며 자유를 얻기 위해 스스로 가치를 증명해 내야 한다는 것이다.

물론 노력한다고 다 성공하리란 보장은 없다. 노력이 재능을 뛰어넘는다는 말 또한 약간은 허황된 말이다. 그러나 성공한 사람들은 모두 노력했다는 사실을 잊어서는 안 된다. 자수성가한 사람 중 자신을 갈아 넣는 고통 없이 성공을 이룬 사람은 단한 명도 보지 못했다.

또한 반드시 알아야 할 것은 세상은 당신의 결과 없는 노력을 절대 인정해 주지 않는다는 것이다. 가만히 있어도 빛이 나는 것이 세상에 존재했다면, 백열전구를 발명한 에디슨은 오늘날 최고의 발명가로 칭송받지 못했을 것이다.

가장 무서운
병의 창궐

한 교통법규 준수 여론 조사에서 재밌는 결과가 나왔다. '당신은 교통법규를 잘 준수합니까?'라는 질문에 80%의 사람들이 '그렇다'고 답했고, '우리나라 사람들이 교통법규를 잘 지킨다고 생각합니까?'라는 질문에는 80%가 '아니다'라고 답했다.

이게 대체 무슨 소리일까. 나는 교통법규를 잘 지키지만 다른 사람들은 잘 지키지 않는다고? 그것도 설문 참여 운전자의 80%나 되는 사람들이 말이다.

'지극히 어리석은 사람도 남을 나무라는 데는 총명하다.'

지우책인명(至愚責人明)이라는 고사성어가 순간 내 머리를 슥 스치고 지나갔다. 그렇다. 대부분의 교통사고 원인은 내가 아닌 타인에 의해 발생한다고 여기고 있는 것이다. 운전뿐만이 아닌 다른 면에서도 우리는 암보다 무섭다는 이른바 '탓병'에 걸려 있다. 나는 태어나서 단 한 번도 남의 탓을 해 본 적이 없다고 말하는 사람은 신이거나 거짓말쟁이다.

사람은 자신의 일이 잘못되었을 때 문제의 요인을 외부에서 찾곤 하는데, 일단 남의 탓을 하게 되면 심리적으로 마음이 편안해지며 '면죄부'를 받는 느낌이 들기 때문이다. 그러나 좋든 싫든 모든 것은 자신이 결정하고 행동한 것이며 자신이 어떻게든 짊어져야 할 짐이다.

2021년, 비트코인이 날개를 달고 날아오르는 시기가 있었다. 그 시기를 틈타 유튜브에는 비트코인 관련 채널들이 넘쳐났다. 여기저기서 파이어족(경제적 자립을 이루어 조기에 은퇴한 사람들을 일컫는 용어)들이 속출했고, 그 여파로 정말 많은 사람들이 코인에 투자하기 시작했다.

코인시장 상황이 얼마나 좋았으면 코인시장을 '돈 복사'라고 말하는 이들도 있었다. 그 시기 유명 채널의 유튜버들은 거의 천지신명이었으며 최고의 경제 전문가였다. 그들의 말 한마디와 정보가 속속들이 잘 들어맞았고, 채널 구독자들은 그들을 열렬히 지지했다.

그러나 얼마 후 코인시장은 하락장에 들어섰고 가격은 급속도로 큰 폭으로 떨어졌다. 사람들은 해당 채널로 몰렸고 그들에게 악플을 달고 하소연을 하기 시작했다. 당신 때문에 내가 대출까지 풀로 받았는데 망했다, 당신 때문에 이혼하게 생겼다, 전문가인 척하더니 이제 어떻게 할 것이냐, 내 돈 돌려내라 등등 가지각색이었다.

불과 몇 개월 만에 사람들이 어떻게 이렇게 180도로 바뀔 수 있는지 두 눈을 의심할 정도였다. 탓병이 코로나 바이러스보다 무섭게 창궐하는 순간이었다. 사실 소수를 제외한 대부분의 사람들은 블록체인, 비트코인이 정확하게 어떤 것인지도 몰랐을 것이라고 생각한다.

그냥 주변에서 돈을 쉽게 벌고 있으니 스스로 깊게 공부해 보기는 싫고, 유명 유튜브 채널을 보고 그들이 추천한 코인을 샀을 것이다. 그러나 유튜버들은 돈을 벌기 위해 채널을 운영하고 정보들을 조합해 자신의 생각을 이야기했을 뿐, 직접적으로 투자를 한 사람은 본인이라는 사실을 절대 잊어서는 안 되며 다음에 같은 실수를 반복하지 않고 또렷한 주관을 갖기 위해 나름의 준비를 철저히 해야 한다.

패자들은 비난하지만, 승자들은 분석을 한다고 했다. 사실은 나도 눈물을 닦고 분석하고 기본부터 철저히 알아 가는 중이다.

'탓병'에서 벗어난 사람과 그렇지 못한 사람은 그 시작점부터 극명히 차이 날 수밖에 없다. '탓병'에 걸린 사람은 사실 너무 똑똑한 사람이다. 자신이 좋은 곳에 취업할 수 없고 부자가 될 수 없는 이유를 너무나도 잘 알고 있기 때문이다.

'어차피 내가 열심히 해 봤자 부자들 배불리기밖에 더 돼?'
'정부가 저 모양이니 나 같은 인재가 이렇게 썩고 있지.'
'일자리 창출한다면서 왜 내 일자리는 없는 거야?'
'아니, 우리 부모님은 과거에 땅 투자를 왜 안 하신 거야?'
'적어도 은수저였으면 지금처럼 살고 있진 않을 거야.'
'아, 내가 학창 시절에 그 친구만 안 만났었어도 이렇게 망가
　지진 않았을 텐데….'

이와 같이 자신이 못하고 안 되는 이유를 미래와 과거를 넘나들며 기가 막히게 찾아낸다. 다만 본인의 잘못은 없고 외부에서 잘못된 원인을 찾는다는 것이 큰 문제이다. 또 하나, 현재 자신이 하고 있는 유일한 노력은 징징대는 것뿐이라는 점이다.

코로나19로 많은 회사가 휘청거리며 취업의 문이 좁아지고 거리 두기로 인해 크고 작은 가게들이 문을 닫았다. 2023년 현재에도 우리는 힘겨운 시간을 아직까지 버텨 내고 있다. 아니, 이제는 바이러스와 공생하고 있다.

한창 시끄러웠던 2019~2021년도에 우리는 '코로나 때문에'라는 말을 달고 살다시피 했다. 그러나 이런 힘겨운 시기에도 모두의 방어막인 줄만 알았던 최고의 탓 코로나 탓도 이겨 내고 새롭고 창의적인 방법으로 성공을 이뤄 내는 사람들이 너무나도 많다는 것은 부인할 수 없는 팩트이다.

대표적인 예가 미국의 '펠로톤'이라는 회사이다. 일부 운동 시설들이 코로나19로 인해 집단감염이 되면서 모든 헬스 관련 업종 사람들의 곡소리는 물론, 운동을 사랑하는 사람들에게도 어려운 시기가 있었다. 생각보다 이 시기가 길어지면서 피트니스 센터에 가지 못하니 자연스레 집에서 운동을 할 수 있는 홈 트레이닝에 주목했다.

펠로톤은 원래 가정용 러닝머신과 실내 자전거 등을 만들고 판매하는 회사였지만, 단순 판매를 넘어 인기 인플루언서 강사진을 꾸려 라이브 원격 운동교습 콘텐츠를 제공하는 등 성장에 박차를 가했다. 위기 속의 기회를 놓치지 않고 오히려 본인들만의 호재로 만들어 버리고 피트니스 시장에 '게임체인저'가

된 것이다.

이를 본 애플 역시 애플 피트니스+를 뒤따라 만들며 경쟁 중이지만, 이미 홈 트레이닝의 대명사는 '펠로톤'이라는 인식이 강하게 자리 잡고 있다. 이를 보고 전 세계 많은 헬스트레이너와 운동 강사들이 줌을 통한 1:1 트레이닝을 제공하며 위기를 스스로 돌파하기도 했다.

그뿐만 아니라, 이제는 주변에서 흔히 볼 수 있지만 소자본 배달음식 전문점으로 먼저 대성공을 이룬 사례도 많다. 성공을 이룬 이들의 공통점은 누구나 한 번쯤은 했을 코로나 탓을 가볍게 무시하고 현실을 그대로 받아들여 시대에 흐름에 따라 빠르게 자신과 자신의 사업을 재창조했다는 점이다. 나는 이 사람들이야말로 진정으로 '탓병'에서 벗어난 승리자가 아닐까 생각한다.

모든 잘못된 것을 내 탓으로 생각하고 자괴감에 빠지라는 말이 아니다. 남 탓, 사회 탓을 하며 우리의 황금 같은 시기를 전적으로 외부에 의존하며 살아가지 말자는 이야기다.

우리의 인생은 누군가 정해 주거나 주어진 것이 아니라 자신이 상황에 따라 선택하는 것이다. 외부 요인이 바뀌기를 바라지 말고 스스로 변화해야만 나의 문제는 비로소 해결되고, 스스로의 삶을 통제할 수 있는 주체적이고 멋진 인생을 살아갈 수 있다. 남 탓은 비겁한 자기합리화이자 바보들의 변명에 불가하다.

"과거의 탓, 남의 탓이라는 생각을 버릴 때
인생은 호전된다." - 웨인 다이어

결핍은
무기다

"나에게 있어 가난하고 허약하고 배우지 못한 것은 불행이 아닌 큰 은혜이다. 나는 가난했기 때문에 부지런할 수 있었고, 허약했기 때문에 몸을 아끼고 건강 관리에 힘썼으며, 배우지 못했기 때문에 세상 모든 사람들을 스승으로 받아들일 수 있었다."

일본에서 경영의 신이라고 추앙받는 인물이자 파나소닉의 창업자 마쓰시타 고노스케가 한 말이다. 과연 마쓰시타 고노스케가 그저 평범하거나 부유한 가정에서 태어났다면 과연 지금의 경영의 신이 될 수 있었을까?

세상 모든 사람 중 완벽한 사람은 없다. 누구나 강점과 약점을 가지고 있기 마련이다. 사람은 외모가 다르듯, 가지고 있는 잠재 능력도 다르다. 다만 약점과 결핍으로부터 도망가느냐 그 강점과 결핍 속에서 잠재 능력을 끄집어내 잘 발휘하느냐의 차이다. 마쓰시타 고노스케의 경우 결핍을 받아들이고 그 부분을 채우기 위해 노력했고, 그 결핍을 강점으로 바꾸었다.

세상에서 가장 빠른 사나이 우사인 볼트는 100m 9.58초, 200m 19.19초라는 단거리 육상의 전무후무한 세계 기록을 세운 선수이다. 그런 그에게도 육상을 포기해야 할 만큼의 치명적인 결핍이 있었다. 바로 선천적 척추측만증(골반의 좌우 높이가 달라진 상태)이다.

이는 어깨와 골반에 흔들림이 많은 육상 단거리에서는 잦은 부상 위험이 있는 치명적 결핍이다. 하지만 평소 낙관적으로 알려져 있는 볼트는 흔들리지 않았다. 허리·복부·골반 근육 강화에 집중하며 허리와 골반의 흔들림을 지탱해 줄 강한 코어 근육을 만들었다.

근육이 받쳐 주니 부상의 위험도 덜고, 결핍으로만 여겼던 높이가 다른 좌우 골반이 오히려 다른 선수들보다 20㎝나 긴 보폭으로 달릴 수 있게 해 주는 최고의 장점이 되었다. 선천적 결핍을 남들이 가질 수 없는 대체 불가 무기로 바꾼 덕분에 우리는 우사인 볼트의 시대에서 그의 뛰어난 기량을 두 눈으로 확인할 수 있었다.

하나의 사례가 더 있다. 미국의 전설적인 수영선수 마이클 펠프스의 이야기이다. 그도 태어났을 때부터 타고난 수영 천재가 아니었다. 그는 어린 시절 부모님의 이혼 후 충격으로 ADHD(과잉행동장애)를 진단받았다. ADHD는 주의력 결핍, 과다 활동, 충동성 행동을 보이는 상태의 장애이다. 학교생활에 적응하지 못하고 지나치게 산만한 마이클에게 에너지를 발산시키고 집중력을 높여 주기 위해서 그의 어머니는 수영을 가르치기로 마음먹었다. 그것이 전설의 시작이 될 줄은 그 누구도 예상치 못했다.

원래의 의도와는 다르게 마이클은 수영에서 엄청난 잠재력을 발휘하기 시작했다. 어려운 수준의 훈련 강도를 거뜬히 소화하며 높은 기록을 하나하나 성취해 나갔다. 그는 훗날 올림픽에서의 메달만 22개, 그중 금메달만 무려 18개를 목에 건 세계 수영 역사에 한 획을 그은 선수가 되었다. 마이클 펠프스는 치명적인 자신의 결핍을 이겨 내기 위해 새로운 도전을 한 덕분에 세계를 놀라게 할 엄청난 잠재력을 발견할 수 있었다.

◀ 나는 오늘도 성공을 준비한다

위 사례들이 특출난 사람들만의 사례라고 고개를 젓는 사람도 분명 있을 것이다. 하지만 우리 주변에서 종종 볼 수 있는 사례가 있다. 저자가 취업 컨설팅을 하던 중 실제 있었던 사례이다.

A씨의 학창 시절은 여느 평범한 학생처럼 순탄치만은 않았다. 친구들과 어울리기를 정말 좋아한 A씨는 출결도 엉망이었고 당연히 성적도 좋지 않았다. 그렇게 찬란했던 고등학교 시절이 지나고 A씨는 이제는 공부를 하겠다는 굳은 다짐을 하고 자신을 받아 줄 만한 대학에 입학했다. 그러나 사람의 생활습관은 한순간에 변할 리 없었고, A씨는 캠퍼스의 낭만을 누리며 매일 술과 함께 살아갔다.

그렇게 한 학기를 마치고 성적표가 나왔다. 결과는 예상했던 그대로였다. 비싼 학비를 지원해 주신 부모님께 성적에 대해 이야기할 엄두가 나지 않았다. 결국 A씨는 현실 도피 겸 국방의 의무를 다하러 군 입대를 하게 된다. 하지만 그것이 그의 터닝 포인트였다. 군대에서 배운 정신력으로 무장해 복학 후, 그는 마치 과거의 삶을 반성이라도 하듯이 학업에 열중했고 끝내 좋은 성적을 거뒀다.

하지만 취업은 녹록지 않았다. 이미 과거의 기록이 되어 버린 고등학교 출결 기록과 대학 1학년 1학기 성적이 자꾸 발목을 잡은 것이다. A씨와 나는 고민에 빠졌고 결국은 자기소개서에 솔직하게 자신의 과거 약점을 드러내자는 결론을 내렸다. 그리고 이를 이겨 내기 위해서 자신이 했던 모든 노력들을 막힘없이 써 내려갔다. 피하는 대신 정면 돌파를 선택한 것이다.

결과는 놀라웠다. 큰 회사 3곳으로부터 합격 통보를 받으며 면접의 기회가 생겼고, 그는 결국 원하는 회사에 입사하게 되었다.

약점을 강점으로 바꾸는 것은 결코 쉬운 일이 아니다. 강력하게 자리 잡은 사고를 전환하기 위한 부단한 노력이 필요하기 때문이다. 만약 A씨가 자신의 약점으로 회피하고 감추려 했다면 좋은 결과를 내기 어려웠을 것이다.

약점을 감추려는 사람은 진짜 약자지만, 자신의 약점을 받아들이고 정면 돌파하는 사람은 강자가 될 수 있다. 어떤 사람에게는 약점이 실패의 요인이 되지만, 또 어떤 사람에게 약점은 성공의 요인이 되기도 한다.

골프의 여제라 불리는 애니카 소렌스탐 역시 어릴 때 내성적인 테니스 선수였다고 한다. 승부욕이 강해야 하고 상대를 압박하는 큰 기합이 필요한 테니스라는 종목의 특성상 내성적인

◀ 나는 오늘도 성공을 준비한다

성격은 약점이 될 수밖에 없었다. 결국 그녀는 12살에 골프로 방향을 바꾸게 된다. 그러자 그녀의 약점이었던 내성적인 성격이 골프에서는 엄청난 자기 몰입과 치밀함이 되는 강점이 되었고, 이 성격은 그녀를 최고의 선수로 만들었다.

우리는 허울 좋은 완벽주의에서 벗어나야 한다. 강점과 약점은 내가 가진 하나의 특성이라고 생각하는 것도 좋은 방법 중 하나이다. 약점도 애니카 소렌스탐처럼 환경에 따라 나의 능력을 끌어내 주는 좋은 자원이 되기도 한다. 그러니 우리는 가진 약점을 최고의 무기로 재가공할 수 있도록, 약점에 기죽는 대신에 나만이 가진 특성에 항상 귀 기울여야 한다.

몇몇의 심리전문가들 중에는 약점을 강점으로 만드는 것은 부질없는 노력이고, 오히려 자신의 강점을 잘 살리는 게 낫다고 이야기하는 사람들이 많다. 나는 그들을 존경하지만, 적어도 이 의견에 동의할 수 없었다. 나의 강점이 정확히 무엇인지 알고 잘 활용하는 데에는 많은 경험과 시간이 필요하다. 그리고 강점을 잘 살려 냈지만 약점으로 인해 그 재주를 펼쳐 보지 못해 본 경험도 있을 것이다.

우리는 누구나 신체적·환경적·경제적 조건에서 각자의 약점을 가지고 있다. 하지만 여러 사례에서 언급했듯이 분명 그 결핍(약점)에는 좋은 점과 나쁜 점, 즉 양면성이 있다. 결핍은 남들이 쌓을 수 없는 나만의 경험을 쌓을 수 있는 좋은 기회이다. 나의 결핍은 무엇이며 이를 어떻게 강점으로 바꿀 수 있을지 한번 생각해 보자. 예상하지 못했던 기회와 아이디어가 떠오를 것이다.

◀ 나는 오늘도 성공을 준비한다

정신 승리는
자살행위

미국의 심리학자 버글래스 존스는 흥미로운 실험을 했다. 참가자들을 두 그룹으로 나누어 A그룹은 쉬운 문제를, B그룹은 매우 어려운 문제를 풀게 했다. 첫 번째 문제에서 존스는 두 그룹 모두에게 결과와는 상관없이 좋은 결과가 나왔다고 통보했다. 그리고 존스는 실험자들에게 다음 문제를 주며 두 가지 약 중 하나를 선택하게 했다.

첫 번째 약은 집중력과 두뇌 회전 속도에 좋은 효과가 있는 약이고, 두 번째 약은 집중력과 두뇌 회전이 저하되는 약이었다. 상식적으로 보통의 사람들은 모두 첫 번째 약을 선택할 것이라고 생각하지만, 결과는 예상 밖이었다. 비교적 쉬운 문제를 푼 A그룹은 다음 문제도 비슷한 수준이라 생각하고 첫 번째 약을 골랐다. 그런데 어려운 문제를 푼 B그룹은 두 번째 약을 선택한 것이다. B그룹은 왜 그런 선택을 한 걸까?

B그룹은 두 번째 문제도 매우 어려울 것이라 예상하고 핑곗거리를 만들어 놓은 것이다. 문제의 결과가 좋으면 약을 먹었는데도 불구하고 '나는 문제를 잘 풀었다.'가 되고, 설령 결과가 좋지 않더라도 약을 먹었기 때문이라고 핑계를 댈 수 있기 때문이다.

우리들의 일상에서도 비슷한 광경을 볼 수 있는데, 가끔 친구들과 노래방을 가면 한 친구는 항상 오늘은 목이 좋지 않다고 이야기하거나, 시험 때가 되면 어제 어떤 이유 때문에 공부를 하지 못했다며 이번 시험은 망할 거라고 이야기하는 친구가 주변에 꼭 있다. 이런 현상을 심리학 용어로 불리한 결과를 대비해 미리 자신의 핸디캡을 정해 놓는 '셀프핸디캐핑'이라고 한다.

우리의 '셀프핸디캐핑'은 정말 다양하다 못해 핑계의 바다이다. 새해가 되면 어김없이 우리는 다이어트를 다짐한다. 호기롭게 헬스장 등록을 하고 내일부터 열심히 운동하겠다고 트레이너 혹은 주변 사람에게 당당히 이야기한다. 드디어 하루가 지났다. 그런데 하늘이 헬스장에 가지 마라며 비를 뿌려 댄다. 나는 다음 날 두 배로 하기로 다짐하고 오늘은 하늘의 뜻을 받

◀ 나는 오늘도 성공을 준비한다

아들이기로 했다.

그리고 다음 날이 되었다. 오늘은 마침 불타는 금요일이다. 친구와 약속이 있는 걸 깜빡했다. 운동하고 술 마시면 건강에 좋지 않다고 어디서 들은 것 같다. 오늘은 어디선가 들은 것 같은 전문가의 조언을 받아들이기로 하고 다음 주부터 운동하기로 한다.

이처럼 우리는 핑계 대기를 주저하지 않는다. 조금만 부담스러워도 이유를 창조해 버리는 놀라운 능력을 가지고 있다. 이런 창조 능력이 그나마 운동에 국한되어 있다면 그래도 괜찮다. 진짜 무서운 것은 크고 작은 핑계들이 반복되는 것이다. 사소한 핑계의 반복은 핑계의 습관이 되고, 그 습관은 곧 매사에 큰 정신 승리로 이어진다.

정신 승리의 극단적인 예를 고등학교 문학 시간에 배웠던 중국 작가 루쉰의 소설『아큐정전』에서 엿볼 수 있다. 주인공 아큐는 명확한 이름도 없고 가족과 재산도 없다. 그럼에도 현실에 안주하며 일을 하지 않는다. 가끔씩 사람들이 필요로 할 때만 시키는 일을 거들고 약간의 보상을 받을 뿐이다.

그리고 작은 시골 마을에 사는 아큐는 동네 건달들의 화풀이 또는 장난의 대상으로 매일 맞는 신세이다. 하지만 그는 늘 행복하다. 그 비법이 바로 정신 승리이다. 항상 현실에서 패배하고 무시당하면서도 자신을 때린 사람들을 하찮은 것들이라고 속으로 무시하기도 하고, 자신은 맞아도 되는 사람이라고 한없이 낮추기도 한다.

부당한 상황이나 처한 환경을 받아들이지만, 개선하지 않고 회피하며 본인만의 망상으로 해결하기에 인생에 걱정이 없고, 답도 없다. 이런 삶을 살아온 아큐는 죽음의 순간까지 무기력하게 약탈자로 의심받고 끝내 총살을 당하는 것으로 생을 마감한다.

지금 현시대를 살아가고 있는 우리도 아큐와 별반 다르지 않은 삶을 살고 있지는 않은지 한번 생각해 볼 필요가 있다. 큰 틀에서 우리는 모두 건강을 위해 운동을 해야 되고, 지식과 지혜를 계속 채워 나가기 위해 책을 읽어야 되고, 삶의 질을 위해 주기적으로 건강검진을 받아야 된다는 것을 알고 있다. 하지만 가지각색의 핑계로 등한시하는 경우가 많다.

특히 아무것도 하지도 않으며, 스스로 긍정적인 방향으로 변화되는 삶이 하나도 없으면서 언젠가는 괜찮아질 것이라 막연히 믿는 것, 넋 놓고 있으면 안 되는 줄 알면서도 애써 외면하고 어제와 똑같은 하루를 살아가는 것, 결심만으로 해냈다고 생각하는 것 등 필자가 생각하는 최악의 정신 승리는 바로 이런 것이다.

"이 또한 지나가리라."

혹자는 이 유명한 말을, 물 흐르듯 가만히 세월이 가면 부딪힌 문제는 지나간다고 오해하기도 한다. 하지만 그 해석은 명백히 틀렸다. 지금 내가 할 수 있는 최선을 다하면서 그 속에서 해결책을 찾고 결국 힘든 시기를 이겨 낸다는 의미이다.

막힌 문제는 절대 그냥 지나가는 법이 없다. 많은 사업가들은 이야기한다. 사업을 하다 보면 항상 문제에 직면하지만 사업의 지속성은 문제에 가로막혀 포기하거나, 아니면 그 문제를 끝까지 해결하고 앞으로 나아가느냐의 차이라고 말이다. 그건 한 개인도 마찬가지 아닐까.

"하고자 하는 자는 방법을 찾고,
하기 싫은 자는 핑계를 찾는다."

이 인도 속담은 나의 인생에 있어 강력한 동기부여가 되는 글이기도 하다.

신뢰의
첫 번째 대상

"자신감은 성공으로 이끄는 제의 비결이다."

발명가 에디슨의 말이다. 인생에 있어 자신감은 제일 중요한 요소이다. 작은 목표를 성취하든 큰 성공을 하든 우선 자신을 믿어야 한다는 것은 잘 알려진 사실이다. 자신감이 있어야 사업도 시작할 수 있고, 원하는 직장에 들어갈 수 있고, 원하는 사랑도 얻을 수 있다.

모든 일의 시작은 자신감에서 비롯된다 하여도 틀린 말은 아니다. 많은 사람들이 자신감을 외부에서 찾으려고 한다. 그러나 자신감은 자신의 의지와 마음에서 나오는 것이므로 모두 내 안에 있는 것이다.

현존하는 격투기 단체 중 가장 크고 권위 있는 단체인 UFC의 현 플라이급 챔피언(23년 2월 기준) 브랜든 모레노의 이야기이다. 그는 사실 단조로운 경기력과 당시 플라이급을 없애고자 하는 단체의 방향성으로 인해 UFC에서 퇴출당했던 아픔을 겪은 선수이다.

그런 선수가 어떻게 현재 멕시코인 최초의 챔피언이 될 수 있었을까? 그 첫 번째 이유가 바로 자신감이다. 그는 챔피언이 되기 전, 경기 직후 링 인터뷰에서 자신감에 가득 찬 확언을 한다.

"꼭 하고 싶은 이야기가 있습니다. 비록 오늘과 내일이 아니고, 다음 달도 아닐 수 있습니다. 하지만 한 가지 확실한 것은 언젠가 저는 반드시 챔피언이 될 것이라는 겁니다. 약속합니다. 진짜 약속합니다."

이 인터뷰를 한 지 4년 후, 모레노는 눈에 띄게 성장한 탄탄한 실력과 퍼포먼스로 오랜 기간 챔피언 자리에 있을 것이라 예상되었던 데이비슨 피게이레두를 꺾고 마침내 챔피언에 등극한다. 모든 위대한 결과의 근원은 자신을 믿는 자신감에서 나온다는 것을 확실하게 보여 주는 사례이다.

본인의 업무에 있어서나 미래의 꿈에 자신감이 넘치는 사람을 보고 흔히 '근자감'이라는 표현을 많이 쓴다. '근자감'이란 근거 없는 자신감을 줄인 말이다. 힙합 가수 스윙스가 한 강연에서 한 말이기도 하지만, 나 또한 이 말을 별로 좋아하지 않는다.

이유는 자신감이란 한문 그대로 풀이하면 나를 믿는 마음이다. 내가 나를 믿는다는데 무슨 근거가 필요하단 말인가. 한두 번의 실패로 두려움을 느끼고 자신에 대한 믿음을 잃어 무기력증에 빠진 사람보다 타인으로부터 "저 사람은 뭘 믿고 저렇게 자신감이 넘쳐? 꿈이 너무 큰 거 아니야?"라는 말을 듣는 것이 백번 낫다고 본다.

자신감이 없어 보이는 사람

사실 자신의 꿈이 작거나 없는 사람들은 남의 꿈도 무시하기 마련이다. 그러니 가볍게 무시해도 좋다. 그럼 우리는 과연 어떤 사람을 보고 자신감이 없어 보인다고 생각할까? 많은 예가 있지만 대표적인 예시 5개를 준비해 보았다.

1. 지나치게 남을 의식한다.

매사 자신의 행동에 앞서 스스로 타인을 개입시킨다. 예를 들어 '나의 행동을 저 사람이 어떻게 생각할까?' 하고 눈치 보고 망설이거나 자신의 입장 표명을 명확히 하지 못한다. 그 이유는 상대로부터 비난받기를 두려워하기 때문이다.

2. 다른 사람과 끊임없이 나를 비교한다.

주로 가까운 친구나 지인이 비교 대상이 된다. 비교 대상을 부러워하고 때론 시기하며 심한 경우에는 자책하여 절망에 빠지기도 한다. 그중 가장 최악의 상황은 주변 사람은 모두 나보다 행복한 삶을 살고 있다고 생각한다는 것이다.

3. 자신의 한계를 스스로 낮게 측정한다.

누군가의 성공담을 보고 '저 사람은 특출나니까 가능해.', '나는 이미 나이가 들었어.', '나는 그리 똑똑하지 않아.' 등 자신에 대한 믿음이 없어 도전을 망설이다가 결국 시작도 하지 못한다.

4. 쉽게 포기한다.

도전에 실패하고 실패한 이유를 찾기보다 '역시 나는 못해.'라고 선을 그어 버린다.

자신감을 키우는 방법

위 예시에서 자신에게 해당되는 것이 있다고 하더라도 전혀 걱정할 필요가 없다. 우리는 언제든지 바뀔 수 있기 때문이다. 다만 전제조건이 있는데, 바로 자신이 바뀌고자 하는 결의가 있어야 한다는 점이다. '결의'라는 다소 과한 표현을 쓸 만큼 자신감을 키우는 것은 쉽지 않은 일이다. 하지만 막상 해 보면 크게 어렵지도 않다. 마음의 준비가 다 되었다면 지금부터 잃어버린 자신감 또는 계속되는 실패로 인해 잃어 가고 있는 자신감을 다시 멱살 잡고 끌고 와 보자.

1. 본인의 정체성을 확고히 한다.

우리가 살아가면서 타인과의 관계는 삶의 중요한 부분이다. 그러나 타인에 휘둘려 살아가서는 안 된다. 무례하지 않는 선에서 거절도 할 수 있어야 하며, 본인의 의사를 당당히 표현할 수 있어야 한다. 그러기 위해서는 자신만의 옳고 그름의 명확한 기준이 필수적이다(뒤에서 자세히 설명하겠다).

2. 자신이 처한 상황을 있는 그대로 받아들인다.

자신이 통제할 수 없는 상황을 두고 스트레스받거나 자책해 봤자 아무 소용없다. 있는 그대로 먼저 받아들이고 삶을 변화시킬 에너지를 모은 후 방법을 찾는 것이 더 멋진 해결책이다.

3. 남과 비교하기를 멈춘다.

비교하기 시작하면 결국 불행해질 수밖에 없다. 우리는 평가와 시험을 좋아하지 않는다. 남과 비교하는 것은 스스로를 평가하며 가두고 압박한다. 매일이 시험 기간 속에서 사는 삶은 당장 그만둬야 한다. 나의 인생과 가치는 '신'이 온다고 할지라도 바꿀 수 없다. 오직 나만이 바로 세울 수 있다.

4. 자신을 항상 칭찬한다.

작은 목표들을 세우고 하나씩 이뤄 가며 의식적으로 자신의 존재를 확인하고 셀프 칭찬한다. 어느 순간 거울 속 나의 눈빛이 당차게 변해 있음을 느낄 수 있다.

5. 롤 모델을 정하고 관찰하고 모방하자.

자신의 롤 모델을 한 명 정하고, 그 사람의 행동을 관찰하고 모방하는 것만으로도 자신감에 필요한 것이 무엇인지 빨리 알 수 있다. 나의 롤 모델은『7막 7장』,『50 홍정욱 에세이』의 저자이자 '올가니카'의 대표 홍정욱 회장이다. 실제로 나는 그의 생각과 행동을 모방하며 많은 인생의 지혜와 자신감을 습득할 수 있었고, 실제로 모든 어려운 결정의 순간에는 그의 책과 명언이 있었다. 만나 본 적 없지만 내 인생의 멘토임엔 분명하다.

6. 꾸준한 운동으로 몸 관리를 하자.

학창 시절 뚱뚱했던 친구가 다이어트를 해서 예뻐진 모습, 깡마르고 자신감 없던 친구가 운동을 해서 부풀려진 몸을 과시하며 자신감 넘치는 사람으로 바뀐 사례가 많다. 이는 단순 몸을 과시하기 위한 수단이 아니다. 매일 자신과의 싸움을 이겨 냄으로써 성취감을 얻는다. 그리고 무엇보다 운동은 자신을 사랑하고 존중하는 마음이 밑바탕 되어야 하기 때문에 자신감이 생길 수밖에 없다.

> "어떤 일에 열중하기 위해서는 그 일을 올바르게 믿고, 자기는 그것을 성취할 힘이 있다고 믿으며, 적극적으로 그것을 이루어 보겠다는 마음을 갖는 일이다. 그러면 낮이 가고 밤이 오듯이 저절로 그 일에 열중하게 된다."

데일 카네기의 말이다. 위에 제시한 방법들은 많은 사람 앞에서서 소리쳐라, 두려운 일을 계속 시도해서 두려움을 없애라는 식의 어렵고 거창한 방법도 아니고, 우리가 지금 바로 충분히 할 수 있는 방법들이다.

또한 자신감은 꾸준히 내면화된 자기 경험으로부터 나온다. 지금보다 더 큰 폭으로 전진하길 원한다면 당장 시도해 보자. 자신감이 없음으로 인해 다시는 돌아오지 않은 이 시간에 우리가 꼭 해야 될 일 혹은 하고 싶은 일을 못하게 된다면 그만큼 억울한 일은 없다.

"자신의 능력을 믿어야 한다. 그리고 끝까지 굳세게 밀고 나가라." - 로잘린 카터

세 종류의
도둑들

첫 번째 도둑, 스마트폰

스티브 잡스와 빌 게이츠가 자신의 조카들에게 이것은 절대 고등학생이 되기 전까지 손에 쥐지 말라고 했다고 한다. 이것은 무엇일까?

정답은 '스마트폰'이다. 우리의 일상생활에 이제 없어서는 안 될 필수 요소로 자리 잡은 편리한 스마트폰이 왜 빌런인지 이미 우리는 알고 있다. SNS나 유튜브를 보다 보면 어느새 몇 시간이 지나 있다. 그렇다. 내 소중한 시간이 순식간에 사라졌다. 물론 SNS나 유튜브로 유익한 정보를 얻거나, 브랜딩을 해서 수익화까지 이뤄 낸다면 최고의 효과를 보는 것이겠지만, 조금만 솔직해지면 대부분은 시간 때우기다.

그리고 SNS나 유튜브에서 본 내용들은 눈 깜빡하는 순간 기억도 나지 않는 것이 대부분이다. 그럼에도 우리는 최선을 다해서 보고 있다. 사람들과 만나는 중에도, 중요한 시험을 앞둔 시점에도, 심지어 면접을 앞두고도 긴장을 푼다는 명목으로 습관처럼 말이다.

더 재밌는 것은 OTT 서비스(넷플릭스, 디즈니 플러스 등)이다. OTT 서비스에서 뭘 볼지 고민만 1시간을 한다. 월 유료 결제까지 하고 시간 낭비 그리고 선택 장애를 얻는다. 마치 중심가에 식당이 너무 많아 어디 갈지 몇 시간을 배회하거나, 주차장에 자리가 너무 많아 최고의 주차 자리가 어디일지 고민이 많아지는 것처럼 과잉선택권에 의한 '결정 장애'인 것이다. 우리가 기성세대에 비해 식사 메뉴를 쉽게 정하지 못하는 것도 이런 시대적인 과잉선택권에 의해 생겨난 것은 아닐까 싶다.

이제는 거의 모든 것을 유튜브로 배울 수 있는 시대가 되었다. 정말 신기하게도 이런 정보까지 있을까 싶은 것도 다 있다. 오죽하면 '유선생'이라는 말까지 나왔겠는가.

나는 회사 생활을 7년 정도 하다 보니 본업을 하며 할 수 있는 부업을 유튜브로 알아보는 시기가 있었다. 부업이라고 검색만 했을 뿐인데 이럴 수가! 관련 동영상이 이렇게 많다고? 이렇게 돈을 쉽게 번다고? 월 백, 월 천? 정말이지 놀라움을 금치 못했다.

실행 열정 만수르인 나는 영상에 나온 부업들을 하나하나 실행하기 시작했지만, 얼마 지나지 않아 시간 대비 비효율적이라는 결론을 내렸다. 물론 그런 방법으로 돈을 많이 벌어들인 사람도 있겠지만 나는 많은 정보 속에서 그저 요행을 바라는 것 같은 느낌이 들었고, 많은 선택권에서 갈팡질팡 시간 낭비를 하는 대신 다른 제대로 된 방법 하나를 찾기로 했다.

지금은 고인이 된 애플의 전 CEO 스티브 잡스도 불필요한 선택을 줄이고 시간 낭비를 하지 않기 위해 매번 검은 티셔츠에 청바지 패션을 고수했다. 스티브 잡스처럼 단벌 신사가 되자는 말이 아니라, 정말 쓸데없이 낭비하고 소모하는 시간을 세이브해서 나를 위해 쓰자는 이야기이다.

OTT 서비스로 뭘 볼지 검색하며 군것질할 시간에 걷기 운동이라도 했으면, 적어도 유지어터는 되지 않았을까 싶다. 그리고 만약 지금 당신이 목표가 있다면 시간 버리기용 SNS와 유튜브만 잠시 접어도 많은 시간을 확보하고 목표에 더 빠르게 도달할 거라고 장담한다.

◀ 나는 오늘도 성공을 준비한다

두 번째 도둑, 부정적인 말만 하는 무의식 도둑

가령 목표가 생긴 당신에게 "네가 이걸 한다고? 내가 아는데 이건 이래서 힘들고 저건 저래서 어려워. 쉽게 할 수 있는 게 아니야. 백도 없고 돈도 없는데 그걸 어떻게 해?", "닭가슴살 먹고 열심히 운동해서 바디프로필 찍으면 몸 망가진다더라. 나라면 그렇게까지는 하고 싶지 않아." 등 노력하는 사람들을 끌어내리려고 하며 나의 목표와 꿈에 대해 안 될 거라고 조언이나 충고를 가장한 악담을 하는 사람들이 있다면 정말 친한 친구, 심지어 가족이라도 목표를 이룰 때까지는 거리를 두는 것이 좋다.

부정적인 말이나 생각도 일종의 전염병이라서 무의식중에 전염된다. 사람의 무의식은 정말 무섭기 때문에 나도 모르게 내 안에 스며들게 된다. 거리 두기는 비단 전염병에만 국한 되어서는 안 된다. 우리의 무의식을 보호해야 한다.

필자는 공고를 나와 지방 전문대를 졸업했다. 그 시기는 전문계 고등학교, 전문대를 가면 공부 못하는 학생이니, 기술 배워서 적당한 곳에 취업이나 하라는 식의 평이 암묵적으로 팽배했던 것 같다. 물론 지금은 그때보다는 이미지가 많이 좋아진 것 같기는 하다.

같은 학교를 다니는 학생들도 '똥통학교'에서 백 없으면 좋은 데 취직하기 힘들다는 둥 대기업은 입사 예정자가 정해져 있어서 우리는 힘들다는 둥 사실이 아닌 말을 마치 사실인 것처럼 이야기하는 사람이 많았다. 실제로 그 말에 전염되어 공부를 하지 않을 핑계를 찾고 자퇴를 하거나, 학업을 소홀히 하는 동급생들이 있었다.

나는 성격상 남의 말을 흘려듣기를 잘하는데도 공부가 하기 싫을 때면 무의식중에 '어차피 안 된다는데 이쯤하고 하지 말까?'라는 생각을 한 적도 있었다.

지금 생각하면, 사람을 잘 홀리는 정말 대단한 화술을 가진 부정적 친구다. 그때는 솔직히 알지 못했다. 왜 부정적인 말만 늘어놓는 사람을 멀리해야 된다고 이야기하는지를 말이다. 그 말뜻을 정확히 이해하고 나서부터는 부정 암시를 주는 사람의 말은 의식적으로 듣지 않으려고 노력하고 최대한 티 나지 않게 자리를 피했다.

내 경험에 빗대어 이야기했지만, 실제로 우리 주변에는 이런 사람들이 정말 많다. 나의 목표를 위해서는 정말 아끼는 사람일지라도 잠시 마음의 거리를 두는 것이 나의 앞길에 좋은 선택지일 수 있다. '열정에 기름 붓기'라는 말이 있다. 그러나 부정 암시를 계속 주입받는다면 그야말로 '열정에 찬물 붓기'가 된다.

세 번째 도둑, 나의 부정적 상상 도둑

외부의 영향에 의해서 안 된다고 생각해서 포기를 하든, 실행을 하든, 남들과 다른 길을 가든 모든 선택은 변명의 여지없이 결국 본인이 하는 것이다. 앞으로 일어날 일을 염두에 두고 예방책을 세우는 것과, 아직 일어나지도 않은 일에 쓸데없는 상상을 하며 이래서 안 되고 저래서 안 된다고 자기 합리화를 하는 것은 확연히 다르다.

예를 들어 스마트스토어를 운영해 보기로 마음먹었다고 생각해 보자. '한번 해 볼까? 근데 너무 레드오션이야. 내가 팔 수 있는 상품이 더 이상 없을 거야.'라며 포기한다. 유튜버가 대세라며 '한번 해 볼까? 근데 이건 이미 너무 많은 사람들이 하고 있고 내가 생각했던 콘텐츠가 이미 넘쳐나네?'라고 생각하며 포기한다.

전자책 한번 써 볼까 하다가도 '내 경험이 뭐 도움이 되겠어? 누가 내 전자책을 보겠어?'라는 생각에 포기한다. 어깨 깡패, 몸짱을 꿈꾸면서도 '나는 기본 골격에 한계가 있어. 그리고 근육 있으면 옷 핏 망가져.'라며 포기한다.

포기하는 이유도 참 가지각색이다. 그 포기를 모아 김치를 담갔다면 아마 2년은 먹을 것이다. 우리가 시작도 하기 전에 포기하는 것은 거의 대부분 우리의 그 대단한 부정적 상상력 때문이다. 혹시 당신의 상상력도 최선을 다하고 있는지 돌이켜 보자.

상상할 시간에 선구자들이 이미 성공한 것이라도 찾아보고 배우며 그냥 해 보자. 실패하더라도 경험과 내공을 쌓는 편이 훨씬 낫다. 최고의 스포츠 브랜드인 나이키의 슬로건이 'Just do it!'인 것과 현대 창업주 아산 정주영 선생의 "해 보긴 해 봤어?"라는 말이 희대의 명언이 된 데에는 다 이유가 있다. 최고의 위치에 올라 본 이들이 증명하고 있다.

Chapter 3

인생의 반전을
불러오는 단순한 진리

업계 최고들의
동기부여는?

  분야를 막론하고 현재 업계 최고의 위치에 있는 그들의 최고의 동기부여는 절실함이었다. 이 시대에 절실함이 있어야 한다고 하면 왠지 구시대적 단어 같고 더 심하게 말하면 꼰대 같아 보이기도 한다.

  그러나 이를 감수하고서라도 절실함에 대해 이야기하려 하는 것은 자수성가한 이들이나 더 나은 미래를 위해 목표를 성취해 가고 있는 사람들이 처음 행동으로 옮기기 위한 강력한 동기부여가 바로 절실한 마음으로부터 나온다는 것은 시대를 초월한 불변의 진리이기 때문이다.

  살아가다 보면 새해의 다이어트 결심, 한 달에 목표 권수를 정한 독서 결심, 금연 결심, 금주 결심 등 우리는 참 많은 결심을 한다. 하지만 이 결심을 행동으로 옮기지 못하는 사람들이 정말 많다. 이유는 행동을 해도, 하지 않아도 당장 나에게 피해가 없고 사실 충분히 원하지도 않기 때문이다. 만약에 아이가 있는 죽을병에 걸린 사람이, 담배를 끊지 않으면 당장 죽을 수 있다는 의사의 소견이 있다면, 그 사람은 당장 담배를 끊을 것이다. 아이를 위해서라도 생존이 절실하기 때문이다.

결혼을 앞둔 나의 친구의 경우도 마찬가지였다. 결혼식 전까지 밥을 굶어서라도 1kg이라도 감량하겠다고 다짐했다. 그리고 그 친구에게서 여태 찾아볼 수 없었던 운동과 식단을 하는 모습을 볼 수 있었다. 결혼식의 주인공은 신부이고 그날은 반드시 세상에서 제일 아름답게 보여야 한다는 절실함이 있었던 것이다.

이처럼 절실한 마음은 생사가 걸린 무거운 삶의 일부분부터 사소한 습관 하나까지 우리를 행동으로 이끄는 놀라운 힘을 지녔다. 파울로 코엘료의 소설 『연금술사』에도 이런 구절이 등장한다.

> "자네가 무언가 간절히 원할 때 온 우주는
> 자네의 소망이 실현되도록 도와준다네!"

여기에 실제로 간절히 원하고 누구보다 절실했던 우리나라 한 개그맨의 이야기가 있다. 그는 20대 시절에는 방송도 마음처럼 잘 안되고 하는 일마다 매번 어긋났다고 한다. 그래서 매일 밤 진심을 다해 기도했다고 한다.

"한 번만 기회를 주시면, 제발 단 한 번만 저에게 개그맨으로서 기회를 주시면 제 소원이 이루어졌을 때, 만약에 제가 초심을 잃고, 저의 성공이 나 혼자 얻은 것이라고 단 한 번이라도 생각을 한다면 그때는 제가 큰 아픔을 받더라도 가혹하다고 원망하지 않겠습니다."

그리고 작은 기회가 와도 늘 순간순간 절실함을 가지고 최선을 다했다. 그런 마음가짐과 행동들에 『연금술사』의 한 구절처럼 온 우주가 그의 소망이 실현되도록 도왔다. 그가 바로 연예대상 15번을 수상한 국민MC 유재석이다.

최고의 자리에 오른 현재에도 초심을 잃지 않고, 철저한 자기관리와 상대방을 편안하게 하는 언변으로 많은 사랑을 받고 있다. 유재석이 어려운 시기를 회상하며 가수 이적과 함께 만든 노래가 무한도전 가요제에서 발표한 〈말하는 대로〉라는 곡인데, 들어 보면 20대의 그가 얼마나 절실했는지 고스란히 전해

들을 수 있다.

엄청난 성공을 이룬 성공 스토리를 보면 왜 항상 지독하게 가
난했던 흙수저나, 엄청난 빚이 있었던 사람들이 성공을 할까?
필자는 항상 의문스러웠다. 하지만 맹자가 전한 이야기 하나로
나의 오랜 궁금증이 해결되었다.

"외로운 신하와 서자로 태어난 사람은 그들의 마음가짐이 절
실할 수밖에 없고, 그 어려움을 극복하는 생각이 깊을 수밖에
없다. 그러므로 그런 사람들은 남보다 뛰어난 사람이 되는
것이다."

이를 현시대적 관점으로 풀이해 볼까? 중산층에 있는 사람
들은 풍족하진 않지만 그렇다고 딱히 부족한 것도 없다. 그래
서 현실에 머무는 경우가 많다. 반면 가난하거나 빚이 많은 사
람들은 지독한 환경에서 벗어나야겠다는 절실함이 강력한 동
기부여가 되고 빠른 행동으로 이어진다는 것이다. 그러니 자신
이 중산층이라는 생각이 든다면, 약간의 편안함에서 오는 찌든
늪에서 빠져나와야 한다.

사람들은 저마다 살아가고 있는 환경이 다르다. 하지만 우리

모두는 항상 문제의 벽에 부딪히고, 생각했던 것과 다르게 흘러가는 경우가 많다. 저마다의 꿈은 쉽게 얻어질 만큼 그리 만만하지 않다. 힘들더라도 구체적인 목표를 세우고 계속 부딪혀야 된다. 실수와 실패 속에서 절실함과 해법이 나오고 그 속에서 나의 잠재된 능력이 나온다.

위 내용을 뒷받침하는 절실함 하면 빼놓을 수 없는 인물이 있다. 그의 어린 시절은 연탄 가게를 하시는 아버지의 영향으로 온 가족이 연탄 배달을 하며 자랐다. 대학 시절에는 택시 운전 아르바이트를 했다. 그랬던 그가 만 32세에 당시 삼성, 현대와 함께 우리나라를 이끌었던 대우그룹의 김우중 회장 눈에 들어 임원이 되었다. 30대에 이룬 큰 업적이었다.

하지만 IMF의 여파로 책임이라는 명목하에 회사를 나오게 된다. 그에게 남겨진 것은 5천만 원과 45살이라는 다소 늦은 나이밖에 없었다. 심지어 다른 회사에서도 그를 들이려 하지 않았다. 모두가 힘든 시기였기 때문이다. 그래서 오직 한 가지 선택지인 사업을 할 수밖에 없었다.

그것도 자신의 전문 분야가 아니었던 바이오 회사를 창업했다. 미국 싸구려 모텔에서 6개월간 생명공학과 약학을 독학하며 맨땅에 부딪혔다. 무리일 것 같다는 주변의 시선과는 달리,

현재 '바이오시밀러'를 선도하는 세계적인 기업으로 도약했다. 그가 바로 '셀트리온' 서정진 회장이다. 어떻게 현재 세계적인 기업의 위치에 있는지, 그가 어떤 마음으로 살아왔는지 〈세계지식포럼 2017〉에서의 강연 내용을 통해 엿볼 수 있다.

> "도전해 보라고 그러면 많은 사람이 늦었다 그래요. 나는 45살에 시작했어요. 그다음 돈이 없다 그래요. 나는 5천만 원 가지고 시작했어요. 다음은 그쪽 분야에 전문가가 아니라 그래요. 나는 생명공학과 약학과 의학을 다 독학했어요. 그러니 전부 핑계일 뿐이에요. 그게 절실하면 하게 되어 있어요. … 단 하루도 그냥 살지는 않았어요."

강연 내용을 보면, 서정진 회장의 시작 또한 절실함으로부터였다는 것을 알 수 있다.

'적당히 이 정도만 하면 되겠지?'라고 생각하면 적당히 그 정도까지 성과를 내지도 못할뿐더러 절대 아무런 목표도 이루어질 수 없다. 구체적이고 명확한 목표와 이를 이루고자 하는 의지와 노력이 있어야 한다.

하루아침에 없는 의지력을 갑자기 갖는다는 건 너무 어려운 일이지만 항상 길은 있다. 만약 의지력이 없는 사람이 강한 의지력을 가질 수 있는 유일한 방법이 있다면, 그것은 절실함 일 것이다.

비록 자신이 아쉬울 것 없는 상황이라 할지라도 원한다면 절실함은 스스로 만들 수 있는 방법이 있다. 절실함에서 희망이 보이고, 그 희망이 꿈을 꾸게 만들고, 꿈은 결국 현실이 된다고 믿는다.

절실함과
행동의 시작 버튼

심리학자 아모스 트버스키와 엘다 사피르는 대학생들을 대상으로 긴 설문지를 작성해 오면 5달러를 주는 실험을 진행했다. A그룹에게는 5일이라는 마감 기한은 정했고, B그룹에게는 기한을 정하지 않았다. 그 결과 A그룹 학생들의 제출률은 60%였고, B그룹의 제출률은 25%에 불과했다.

실험 결과에서 말해 주듯이 어떤 일을 하기 위해서는 데드라인(deadline)을 정해야 실행력을 높일 수 있다. 데드라인은 미국 남북 전쟁 중에 '포로가 넘어서는 안 되는 선', '넘으면 총에 맞아 죽는 선'으로 해석되며 유래되었고, 오늘날에는 '최종 마감 기한'이라는 뜻으로 쓰인다. 앞서 언급한 절실함과 시간 관리하면 가장 먼저 떠오르는 단어이기도 하다.

왜 우리는 중요한 시험을 목전에 두고 공부를 하려고 앉으면 갑자기 책상이 지저분해 보이고 평소 보이지도 않던 책이 읽고 싶을까? 대부분의 사람들은 중요한 일을 앞두고도 핑곗거리를 찾고 일을 미룬다. 이는 인간의 본성이다. 이를 해결할 수 있는 유일한 방법이 데드라인을 정하는 것이다.

'데드라인'은 되도록 자발적으로 정하는 것이 좋다. 외부에 의해 정해지게 되면 오히려 일에 대한 반감심을 높이고 스트레스가 된다. 학교 숙제가 싫었던 것도, 직장 상사의 보고서 작성 업무 지시에 대한 스트레스도, 자발적으로 정하고 행동한 것이 아닌 강요에 의해서 행동했기 때문이다.

반대로 스스로 데드라인을 정하고 마무리하게 되면 일의 성취감은 두 배가 되고 성취감 속에서 즐거움도 느낄 수 있다. 외부로부터 통제된 삶에서 자율적인 삶으로 향하는 길을 스스로 닦는다고 봐도 무방하다.

데드라인의 효과

데드라인을 정하고 어떤 일을 시작하면 크게 세 가지 효과를 볼 수 있게 된다.

1. 잡념에 빠질 수가 없다.

2. 일의 우선순위가 명확히 정해진다.

3. 빠르게 행동으로 옮길 수 있다.

특히 본인이 의지력이 부족한 사람이라면 의지력을 불어넣어 주는 가장 검증된 특효약일 것이며, 하지 않아도 될 쓸모없는 일을 과감히 잘라 내 줄 하나의 묘책이 된다.

데드라인의 대표적인 사례가 정주영 회장의 부산 UN묘지의 잔디 이야기이다. 때는 1952년, 6·25 한국전쟁으로 목숨을 잃은 유엔군의 묘지를 참배하기 위해 유엔군 사절단이 한국 방문을 예고한다. 당시 유엔군 묘지는 전쟁으로 인해 시설을 잘 꾸미질 못했다. 그런 시대적 환경의 이유로 황폐한 흙밭에 볼품없이 위치해 있었다.

이에 미군정은 바람이 매서운 한겨울, 유엔군 묘지에 파란색 잔디를 심어 달라는 불가능한 요구를 했다. 더욱이나 사절단 참배일까지의 시간은 겨우 5일밖에 남지 않은 상황이었다. 그러나 정주영 회장은 이를 받아들인다. 5일이라는 시간, 정주영 회장은 목표를 위해 엄청난 몰입을 하기 시작했다. 결국 그는 겨울에도 싹이 트는 보리를 생각해 냈고 보리밭에서 보리 포기를 옮겨 심음으로써 사태를 해결했다.

　모두가 불가능이라 할 때, 사절단은 물론 미군정, 우리 정부까지 대만족한 결과물을 단 5일 만에 만들어 낸 것이다. 이를 바탕으로 현대는 무한한 신뢰를 얻고 비약적인 성장의 발판을 마련하게 된다. 이 신화와 같은 이야기에서 말해 주듯이 짧은 시간 안에 해내야만 한다는 절실한 마음에서 나오는 데드라인의 효과는 반박의 여지가 없다.

"10일 걸릴 일이 있다고 할 때 기간을 20일 주면 일을 두 배 더 잘하는가? 그렇지 않아. 또 5일만 주면 엄청나게 부실해지나? 그것도 아니지. 문제는 말이야, 남들과 똑같이 해서는 남들보다 결코 앞설 수가 없다는 거야." - 정주영

　성공한 기업인들이나 실행력이 뛰어난 사람들은 명확한 목표 설정과 목표를 중심으로 일의 시작을 알리는 '개시 데드라인'과 일을 마무리하는 '종료 데드라인'을 두는 습관이 되어 있다.

　우리는 항상 마감은 둘째 치고 시작에 어려움을 느낀다. 유튜브 동영상 하나만 보고, 주식 창 한 번만 확인하고, 일단 밥부터 먹고, 내친김에 커피도 한잔할까, 하고 말이다. 그러는 사이 1시간은 훌쩍 지나가 버린다. 그러면서 지나간 시간을 탓하게 되

고 결국 이는 시간이 없었다는 핑계로 이어질 가능성이 크다. 이를 방지하기 위해 '개시 데드라인'이 중요한 것이다. 시작 없이는 끝도 없다.

목표를 잡았으면 시작 시간을 정하고 그 시간이 되면 무슨 일이 있어도 실행에 돌입해야 한다. 시작이 반이라는 말을 정확히 이해하게 되는 순간이 찾아올 것이다. 아니, 사실 시작이 전부다. 이후 '종료 데드라인'을 예정 시간보다 앞당겨 정하게 되면 초인적인 힘이 내게도 있다는 사실을 알게 된다.

필자 또한 행동으로 옮기고 있다. 아침 6시 10분에는 운동하러 무조건 밖으로 나간다는 하루의 '개시 데드라인'을 지키고 있다. 또한 글을 쓸 때, 하루에 두 꼭지를 쓰겠다는 계획보다 오전 9~12시까지 한 꼭지, 저녁 8~11시까지 한 꼭지를 쓰겠다고 데드라인을 정한다. 분명 전자와 후자는 같은 말이지만, 후자를 선택했을 때 글을 써 내려가는 데 있어 시간적으로 훨씬 효율적이고 더 좋은 글이 나옴을 느낀다.

데드라인이 나에게 가져다주는 이익이 너무나도 많아서 이 좋은 방법을 하지 않을 이유가 전혀 없다고 생각한다. 어려운 일을 빨리 해냈다는 성취감을 원동력으로 삼으면서 일상에 자연스레 녹아들 수 있게 습관으로 만들어야 한다. 어떤 일을 하든지 효과적으로 먼저 하는 사람이 인정받을 수 있고, 항상 먼저 기회를 잡게 된다.

할 일을 미루고 자기합리화하며 휴식 같지도 않은 불편한 휴식을 취했던 날은 오늘로 마무리하고, 데드라인이 오기도 전에 일을 끝내고 진짜 편안한 휴식을 취하는 당신이 되길 바란다.

지금
편안한 이유

"나는 지금 최선을 다하고 있는가?"

스스로에게 질문해 보자. 비록 아직까지는 뭔가 제대로 이뤄 본 적 없지만 넷플릭스의 신작이 기대되고, 친구들과 먹고 즐기는 순간만큼은 항상 즐겁고, 집에서 뒹굴거리며 쉬는 게 힐링이 되고, 감동적인 글 또는 위로의 글이나 말에 기대고 있다면 당신은 정상으로 가기 위한 오르막을 오르는 것이 아니라, 편안한 내리막길에 몸을 맡기고 걷고 있을 가능성이 크다. 그편한 길이 얼마나 위험한 줄도 모르고 말이다. 마치 개구리가서서히 끓는 물에서 살아서 탈출할 수 있는 타이밍을 놓치고서서히 죽어 가는 것처럼 말이다.

한번은 인터넷에서 한 10대 학생의 글을 보았다. 최저임금이 많이 올랐으니 단순 업무(아르바이트)를 해서 충분히 생계를 꾸려 나가도 문제없겠다고 했다. 과연 그럴까? 인공지능·로봇이 그저 편하게만 느껴질 수 있지만, 단순 업무의 이미 많은 부분을 기계가 인간을 대체하고 있는 것을 이제는 일상에서 흔히 볼 수 있다. 전문가들은 앞으로 더 많은 일들이 대체 될 수 있을 것이라고 전망한다.

　이제는 기계와도 경쟁을 해야 되는 시대다. 아니, 이미 시작되었다고 해도 과언이 아니다. 그렇기에 더더욱 내리막길을 편안하게 걸을 때가 아니다. 누군가는 당신이 걷고 있는 편안한 길에 투자하고 보기 좋게 꾸며서 당신 덕에 오늘도 엄청난 부를 쌓아 가고 있다.

　감성적으로 위로를 주는 책, 힐링을 해 주는 책은 가끔 심리적으로 힘들 때 읽어 보면 마음의 안정감을 얻고 자존감을 높일 수 있다. 그러나 딱 그 선에서 멈춰야 한다. 예전부터 우리가 들어오던 말이 있다. "사회는 실전이다." 나 또한 사회로 나오면서 이 말의 의미를 이해할 수 있었다.

　듣기 좋은 소리, 감성을 자극하는 소위 예쁜 말만 들으려고 하다 보면 외부의 공격으로 버티는 힘이 약해질 수밖에 없다.

뼈 때리는 이야기도 많이 보고 듣고 간접경험을 하는 것이 자신을 단단히 다지는 데 큰 도움이 될 거라 확신한다. 세상은 당신을 불쌍히 여기고 보듬어 주지 않는다. 냉정하게 현실을 바라봐야 한다.

대학 시절 취업 문제로 다들 민감한 시기가 있었다. 그때 한 교수님이 강의 중 우리에게 한 이야기가 문득 생각난다.

"여러분들은 정말 최선을 다하고 있나요? 아니면 주변의 눈치에 최선을 다하는 척을 하고 있나요? 간혹 사람들은 최선을 다했다는 자신의 생각에 속고 있어요. 정말 간절히 최선을 다해 본 사람들은 실패한 사람의 변명을 들을 때 그들이 그냥 또 우는소리 하는구나 생각한답니다. 근래에 조금 열심히 하고 힘들었다고 해서 최선을 다했다고 착각하지 마시길 바랍니다. 최선을 다했다는 말은 그리 함부로 내뱉는 것이 아니에요."

이때 대학생이던 나는 제대로 뒤통수를 한 대 얻어맞는 기분이었고, 어떤 강의보다 기억에 남는 강의였다. 나는 물론 다른 학생들에게도 많은 귀감이 되었을 것이라 생각한다.

오랜만에 동창회에 나간 적이 있었는데 한 친구가 이번에도 공무원 시험에 불합격했다고 아쉬움을 토로했다. "얘들아, 나는 정말 마지막이란 생각으로 최선을 다했어. 매일 새벽까지 공부했고 도서관 집 외에는 어디에도 가지 않았을 정도로 말이야. 간발의 점수 차로 떨어졌는데 정말 운이 없었어! 그래서 다시 한 번 더 도전해 볼 거야!"라고 말이다. 많은 친구들이 "다음 번에는 합격할 거야! 힘내!"라고 기계적인 위로를 건넸다. 친구들이 한 세 번째 위로였다.

하지만 나는 위로의 말을 딱히 건네고 싶지 않았다. 이유는 그 친구에게는 자신이 서두에 말한 "마지막이라는 마음", 즉 절실함이 없었다고 생각했기 때문이다. 정말 절실했다면 이 동창회 술자리에 그 친구가 나왔을까? 그리고 또 다른 한 가지는 친구의 SNS를 보면 '#콧바람 #간만에힐링'이라는 피드로 가득했다.

정말 친한 친구라 직설적으로 이야기할 수도 있었지만, 그래도 아픔이 있는 친구에게 직설적으로 이야기를 건네기에는 미안한 마음도 있고, 자칫 친구를 가르치려 한다는 오해를 불러올 수도 있었기 때문에 아무런 말을 할 순 없었다. 문득『탈무드』에서 나온 한 구절이 떠올랐을 뿐이다.

　　　　　◀ 나는 오늘도 성공을 준비한다

"진짜 간절한 사람은 그럴 정신이 없다.
방법을 찾을 뿐이다. 간절함이 없는 꿈은
꿈이 아닌 희망이다." - 『탈무드』

영화 〈8마일〉에서는 세계에서 가장 유명한 힙합 아티스트 에미넴의 이야기를 다루고 있다. 지금의 화려한 모습과는 달리 그의 어린 시절은 불우하다는 말로 다 표현이 안 될 만큼 비참했다.

아버지 없이 약물중독자인 어머니에게 학대를 당하면서도 어린 동생을 돌보며 언제 쫓겨날지 모르는 빈민촌에 살았고, 왜소한 체구에 학교 폭력을 당해 9일간 코마 상태에 빠지기도 했다. 학교를 자퇴하고 공장에서 일하면서 힙합음악에 목숨 걸고 매진한 그였지만, 당시 힙합은 흑인들의 전유물이었기 때문에 백인인 에미넴이 무대에 올라서기만 하면 욕설과 야유가 난무했다.

이런 환경 속에서도 그는 어린 동생을 위해 그리고 지옥 같은 삶에서 벗어나기 위해 닥친 문제들을 용기 있게 헤쳐 나갔다. 누구보다 비참한 시절을 보낸 에미넴의 현재 재산은 한화 약 2,500억 정도로 추정되고 있고, 전 세계 힙합아티스트들의 존경을 한 몸에 받는 인물이 되었다.

에미넴 이외에도 외할머니 밑에서 찢어지게 가난하게 살았고 14살에 원치 않는 임신을 했던 희망의 아이콘 오프라 윈프리, 가정 폭력과 이혼으로 국가 생활보조금으로 생활했던『해리포터』의 저자 J.K롤링, 마약·매춘·폭행이 난무하는 동네에서 자란 영화배우 레오나드로 디카프리오까지, 이들의 스토리를 보면 우리의 핑계나 변명들은 우습게 느껴질 것이다.

뒤가 없는 진짜 간절한 사람은 핑계나 변명을 생각할 틈이 없다. 자신의 문제를 파악하고 빠르게 다시 매달린다. 간절하게 매달려서 목표를 이뤄 본 사람들은 알고 있다. 간절하지 않은 사람은 자신이 가난하거나 주변 환경이 좋지 않아 실패했다고 말하고, 진짜 간절한 사람은 가난과 주변 환경으로부터 반드시 벗어나겠다는 결의에 차 있다는 것을 말이다.

스스로에게 냉정하게 '나는 최선을 다하고 있는가?' 다시 한 번 질문해 보자.

천재를 이기는
유일한 방법

세상은 모든 것을 지수화하기를 좋아한다. 대표적으로 IQ(지능지수), EQ(감성지수), MQ(도덕지수), CQ(창의력지수) 그리고 요즘 우리에게 가장 필요하고 중요한 지수 AQ(역경지수)가 있다. AQ(역경지수)는 1997년 하버드대 교수이자 미국의 커뮤니케이션 이론가인 폴 스톨츠(Paul G. Stoltz)에 의해 만들어진 것으로, 역경에 굴복하지 않고 목표를 성취해 가는 능력을 수치로 제시한 것이다. 그는 앞으로 AQ(역경지수)가 개인의 능력을 가늠하는 척도가 될 것이라고 호언했다.

폴 스톨츠의 저서『장애물을 기회로 전환시켜라』에서 사람들이 역경에 대처하는 방법을 등산에 비유해 세 가지 타입으로 정의했다.

첫 번째, 쿼터(Quitter)형. 이들은 역경이 닥치면 포기하거나 회피한다. 등산을 하다 어려움이 닥치면 포기하고 내려가는 것이다.

두 번째, 캠퍼(Camper)형. 이 타입의 사람들은 역경 앞에 포기하거나 회피하지는 않지만, 문제 해결을 위한 뚜렷한 대안을 마련하지 못하고 적당히 안주한다. 현시대 60~70%의 사람들이 여기에 해당한다.

세 번째, 클라이머(Climber)형. 최선을 다해 역경을 마주하고 헤쳐 나가는 유형이다. 이들은 자신만 역경을 이겨 내는 것이 아니라 주변 동료들을 격려하고 끌어올리며 함께 정복한다.

제시한 세 가지의 타입 중 당신은 과연 어느 타입에 속하는 사람이고, 앞으로는 어떤 타입의 사람이 되고 싶은가?

클라이머(Climber)형 하면 대표적으로 떠오르는 인물이 혹시 있는가? 나는 개인적으로 더본 코리아의 대표이자 프로 방송인 백종원이 가장 먼저 떠올랐다.

그는 IMF 외환위기 당시 주력으로 하고 있던 목조주택사업이 무너지며 17억 원의 빚과 원조 쌈밥집만 남아 있었다. 좌절한 백종원은 홍콩으로 가서 생을 마감하려고 했다. 그래도 '먹고 죽은 귀신이 때깔도 곱다'고 생각한 그는 식당에서 식사를 하다 문득 사업 아이템을 떠올리게 되었다.

그렇게 귀국을 결심했다. 채권자들에게 사업에 대해 설명하고 빚을 반드시 갚겠다고 말했다. 그의 의지를 본 채권자들이 이를 수락했고, 본격적으로 요식업 사업에 전념하게 된다. 이후 그가 살기 위해 매달렸던 마지막 남은 원조 쌈밥집이 빛을 발하기 시작했고, 이를 발판으로 한신포차, 본가 등 여러 가지 아이템들이 줄지어 성공하게 되며 죽음과 맞바꿀 수도 있었던 17억 원의 빚을 모두 청산하게 된다.

또 최근에는 〈골목식당〉이라는 프로그램을 통해 많은 소상공인들에게 솔루션을 제공하며 그들이 역경을 이겨 낼 수 있게 힘도 실어 주었다. 그가 현재 많은 영향력을 가질 수 있었던 이유는 자신의 책임을 회피하지 않고 역경을 정면으로 마주하며 그것을 이겨 낼 지구력이 있기에 가능했다. 그에게 배울 것은 유튜브에 공개한 단순 요리 레시피가 아니라는 것을 꼭 기억해야 한다.

역경지수를 떨어뜨리는 데 가장 크게 작용하는 것이 바로 학습된 무기력이다. 역경이 생겼을 때 극복하지 못한 환경에 반복적으로 노출되면서 스스로 극복하려는 의지가 없이 무기력하게 포기하고, 심한 경우 아무런 시도조차 하지 않게 된다.

학습된 무기력의 대표적인 실험이 바로 코끼리 실험이다. 코끼리가 새끼일 때 발목에 밧줄을 묶고 기둥에 매어 놓는다. 그러면 새끼 코끼리는 발버둥 치지만 아직 기둥을 뽑을 만큼의 힘이 없어 포기하고 만다. 그런데 몸집이 커지고 힘이 세진 성인 코끼리가 된 후에도 기둥 주변을 벗어나지 못한다. 새끼 때 학습된 무기력으로 인해 벗어날 시도조차 하지 않기 때문이다.

사람도 코끼리와 다르지 않다. 학습된 무기력을 느끼고 시도조차 하지 않고 회피하고 포기하는 쿼터형 사람만큼은 되지 않길 바란다.

쿼터형이 될 수도 있었던 또 한 명의 대표적인 클라이머형은 가수 아이유이다. 평범했던 유년기를 보내고 있던 어느 날, 부모님의 잘못된 빚보증으로 한순간 극심한 가난에 시달리게 된다. 결국 그녀는 부모님을 떠나 할머니와 난방도 제대로 되지 않는 단칸방에서 생활하며 감자로 끼니를 때우곤 했다. 그럼에도 생활이 계속 힘들어지자 친척집을 전전했는데, 친척들의 냉담함에 마음의 상처도 입었다고 한다.

이때 아이유는 가수로 반드시 성공하겠다고 다짐했다. 하지만 기획사 오디션에 번번이 불합격하며 힘든 시기는 계속되었다. 그러던 중 드디어 오디션에 합격했지만 역경은 계속되었

◀ 나는 오늘도 성공을 준비한다

다. 회사의 관계자가 아이유의 간절한 마음을 이용해 거액의 돈을 요구하며 TV에 출연시켜 주겠다며 사기를 친 것이다.

수많은 시련을 뒤로하고 노력한 끝에 결국 데뷔 후〈잔소리〉, 〈좋은 날〉,〈너랑 나〉등이 연이어 히트를 치며 현재 최고의 여가수로 자리매김하게 된다. 학습된 무기력이 생길 만한 환경이었음에도 불구하고 모든 역경을 꿋꿋이 이겨 낸 아이유. 가수와 배우로서의 실력뿐만 아니라 팬들과 주변 지인에게 좋은 인성이 밑바탕 된 미담도 많이 알려지며 꾸준한 사랑을 받고 있다.

어린 시절 나는 바닷가에 발도 담그지 못할 정도로 극심한 물 공포증이 있었다. 이 또한 과거의 트라우마에 의한 학습된 무기력이었다. 겁쟁이라고 놀림받는 여름이라는 계절이 제일 싫었고 물놀이는 꿈도 꾸지 못했다. 그런 탓에 수영은 내 인생에서 절대 할 수 없는 운동이라고 생각했다.

그러던 어느 날, 누군가 수영장에 다녀 보라고 조언했다. 거기서 딱 일주일만 강습받아도 물 공포증을 이겨 낼 수 있을 거라고 말했다. 정말 한 일주일 심각하게 고민했던 것 같다. 생각만 해도 무서웠기 때문이다.

그러나 결국 조언을 받아들이기로 결심했고, 수영을 등록하러 갔다. 아니나 다를까, 너무 두려웠다. 그렇게 첫날 한 시간은 정말 지옥에 다녀온 느낌이었다. 그러나 하루하루가 지날수록 점점 물에 적응해 나가기 시작했다. 그리고 일주일 되는 날, 정말 마법같이 물 공포를 이겨 내고 수영을 즐기고 있는 나 자신을 볼 수 있었다.

지금도 취미로 수영을 꾸준히 하고 있다. 만약 그때 내가 회피했더라면 나는 조금만 어려운 문제에 부딪혀도 발목 묶인 코끼리처럼 무조건 포기하는 사람이 되었을지도 모른다. 생각만 해도 아찔하다.

누군가에게는 그냥 물에서 하는 운동 정도로 아무것도 아닌 것처럼 느껴질지 모르겠지만, 나에게 있어서 수영을 배운 것은 역경지수를 한 단계 발전시키는 첫 시작이었고, 이를 계기로, 할까 말까 고민하는 대부분은 어떻게든 된다는 것도 깨닫게 되었다.

> *"실패를 해 보지 않은 사람은 한 번도 새로운 일을 시도해 보지 않았던 사람이다."*

아인슈타인의 말이다. 세상 모든 사람은 쉬운 싸움에서 이기는 것보다 어려운 싸움에서 패배하며 그 패배의 아픔을 극복하면서 성장한다. 우리도 역경으로부터 피하려고 하지 말고 부딪혀 보자. 사실 우리의 역경지수(AQ) DNA는 세계 최고 아닌가?

조선 시대부터 보면 우리나라만큼 역경이 많은 나라도 없을 것이다. 그러나 언제나 잘 극복해 냈고, 결국 선진국 반열에 올랐다. 역경지수 초강대국! 이거 하나만큼은 인정하고 요즘 흔히 말하는 국뽕에 취해도 된다고 생각한다.

"오늘의 위기는 내일의 농담거리다." - 허버트 조지 웰스

맷집 키우기
(Keep calm and carry on)

미래학자 토머스 프레이는 4차 산업혁명 시대에 요구되는 능력 중 하나로 회복탄력성을 꼽았다. 역경지수를 높이기 위해서는 회복탄력성(Resilience)이 뒷받침되어야 한다. 회복탄력성이란 역경을 극복할 수 있는 잠재적인 힘, 실패를 무기 삼아 성장하는 마음의 근력이다. 쉽게 말하면 역경을 이겨 낼 수 있는 '맷집'이다.

회복탄력성이 좋은 사람의 특징

똑같은 실패에 직면했을 때 A는 한 번의 실패로 복잡한 생각에 사로잡혀 두려움이 생긴 반면, B는 실패를 오히려 작게 생각하고 훌훌 털어 버리는 사람이다. B가 바로 회복탄력성이 높은 사람이며 성공 가능성이 높은 사람이라고 한다. 그럼 과연 B는 스트레스나 고통이 없을까?

그렇지 않다. A와 마찬가지로 B도 똑같이 스트레스와 고통을 받는다. 다만 B와 A가 다른 것은 같은 실패와 좌절이라도 어떻게 받아들이느냐는 마음의 차이가 극명할 뿐이다. B는 스트레스를 받아도 마치 탄성 좋은 고무줄과 같이 빠르게 편안한 마음으로 돌아온다.

B와 같이 회복탄력성이 좋은 사람들이 문제를 바라보는 태도는 다음과 같다.

1. 문제를 작게 생각한다.
2. 문제를 회피하지 않고 받아들인다.
3. 오히려 기회라 생각한다.
4. 문제를 해결하며 잠재의식을 끌어낸다.
5. 나의 발전을 위해서는 반드시 문제가 생긴다는 것을 항상 인지하고 있다.

B의 대표적인 인물이 알리바바의 창업주 마윈 회장이다. 이

서윤, 홍주연의 저서 『The having』에 따르면 마윈 회장은 어떤 문제가 일어났을 때 '마음이 불편하다'라는 말 대신에 '마음이 편안하지 않다'라고 말한다고 한다. 그 말은 결국 자신은 편안함이 기본 상태라는 뜻이고, 문제를 해결하고 다시 편안한 상태로 돌아올 것이라는 의지가 습관처럼 일상이 되었음을 의미한다.

'KEEP CALM AND CARRY ON'

1939년 영국 정부가 2차 세계대전을 앞두고 국민의 사기를 돋우기 위해 제작한 동기부여 포스터의 문구이다. 해석하면 "평정심을 유지하고 하던 일을 계속하라"는 뜻이다.

누구나 살아가다 보면 다치거나, 질병에 걸리거나, 사랑하는 이를 잃는 등의 불행이 겹치며 긴 어둠의 터널을 지나는 시기가 있다. 하지만 이는 자신의 회복탄력성을 시험할 수 있는 기회이기도 하다. 어두운 터널을 지날 때, 볼링공처럼 무거운 마음은 떨쳐 내기란 분명 힘들다. 하지만 필연적으로 탱탱볼처럼 계속 튀어 오르는 유연한 힘을 길러야 한다.

'언젠가는 지나가겠지. 시간이 해결해 주겠지.'라고 생각하고 넋 놓고 있기보다는 그럼에도 불구하고 눈앞에 자신이 할 수 있는 일을 찾아 하면서 아픔을 더 빨리 회복할 수 있게 해야 한다. 나만의 '아픔 데드라인'을 정하는 것도 좋은 방법이다. 딱 3일만 힘들어하고 그 이후에는 다시 마음잡고 내가 해야 할 것에 집중하자고 말이다.

역경을 겪은 후 겪게 되는 형태 전환

심리학자 오리어리 박사와 아이코빅스 박사는 역경을 겪은 후 사람들이 겪게 되는 네 가지 형태의 전환을 이렇게 설명했다.

1. 굴복: 시련으로 인해 계속 악화되든지 자살하는 유형.
2. 생존: 시련으로 인해 상처를 받고 회복하지 못하고 살아가는 유형.
3. 회복: 시련 이전의 수준으로 복귀하는 유형.
4. 번영: 회복을 넘어서 시련 이전보다 발전하는 유형.

이전의 당신이 어떤 형태였든 상관없다. 지금부터 우리는 그냥 최고의 선택지를 선택하고, 그에 맞춰 마인드 세팅을 하면 된다.

회복탄력성을 위한 마인드 세팅하기

회복탄력성을 위한 마인드 세팅 방법은 감정 표출에 솔직해지기, 즐겁고 행복했던 기억만 떠올리기, 야외 활동하기, 사람들과 소통하며 관계의 중요성 깨우치기, 나는 할 수 있다고 스스로 끊임없이 독려하기 등이 있는데 저자가 실제로 해 봤던 것 중 좋은 효과로 나타난 것을 소개하려 한다.

1. 받아들이고 즐겁고 행복한 기억만 떠올리기

혹시 반려견과 함께 살아가고 있는가? 나에게도 얼마 전까지는 반려견 가족이 있었다. 정말 애지중지하며 함께 살아가는 녀석이었는데, 안타깝게도 3살이라는 어린 나이에 지병에 걸려 갑작스레 무지개다리를 건넜다.

그때 나는 산책 좀 더 많이 해 줄걸, 이럴 줄 알았으면 좋아하는 간식 많이 줄걸, 좀 더 예뻐해 줄걸, 검진할 때 더 면밀히 해 볼걸 하며 스스로를 자책했다. 자책하면 할수록 슬픔의 감정은 더 심해졌고, 일상생활에도 크게 영향을 미쳤다.

이 증상이 '펫로스 증후군'이라는 것을 알았고, 다시 살릴 수도 없는 나의 통제 밖의 일이라는 것을 깨닫게 되며 반려견의 죽음을 받아들이기로 했다. 슬픔을 극복하기 위해 못해 줬던 기억 대신 함께 즐겁고 행복했던 기억만 떠올리려 노력했다.

생각만 조금 바꿨을 뿐인데 우리 가족의 상태는 점차 호전되기 시작했다. 지금도 생각하면 마음이 무겁지만, 사는 동안 충분히 행복했을 것이라고 생각하고 남은 가족들과 오늘도 씩씩하게 살아가고 있다.

2. 문제를 작게 생각하기

중요한 선택의 기로에 섰을 때, 사람들은 머리의 소리와 가슴의 소리 사이에서 엄청난 고민을 하게 되고, 그 고민이 길어질수록 닥쳐올 문제가 더 크게 느껴진다. 실패할 때를 염두에 두고 '이런 기회는 두 번 다시 없을 것이다.', '여기서 실패하면 나는 끝이다.'라고 온갖 생각이 난무하기 때문이다.

머리의 소리에 따르든, 가슴의 소리에 따르든 최악의 상황이 죽음은 아니지 않는가? 그리고 또 다른 기회가 우리 앞에 분명히 있다. 문제를 작게 생각하면 그만큼 해답도 심플하게 나온다.

이때 가장 중요한 것은 설령 시련이 찾아오더라도 정주영 회장의 말처럼 자신이 두 손 놓고 포기 선언을 하지 않는 이상 그일은 절대 실패한 것이 아니라 여전히 진행 중에 있다는 것을 기억해야 한다는 점이다.

"나는 실패하지 않았다. 다만 작동하지 않은
1만 가지 방법들을 발견했을 뿐이다." - 에디슨

3. 멘토의 도움받기

자신이 일에 있어 해결책을 제시해 주고 노하우를 전수해 줄 수 있는 사람을 찾아가서 무례하다 생각하지 말고 용기 있게 도움을 청해야 한다. 그 대상은 직장 선배가 될 수도 있고, 선생님이 될 수도 있고, 때에 따라 친구가 될 수도 있다. 먼저 경험해 본 사람들의 조언은 역경을 이겨 내는 데 가장 효율적이고 빠른 방법이다.

반대로, 상대가 도움을 청할 때도 나의 능력 안에 있다면 무조건 도와주길 권한다. 현대 경영학의 창시자라고 평가받는 피터 드러커도 이같이 이야기했다.

"남을 가르치는 것만큼 자신에게 공부되는 것은 없다.
다른 사람의 성장에 도움을 주면
그만큼 자신도 성장하게 된다."

그러니 내가 성장하기 위해서라도 도움을 아끼지 말자.

만약 문제의 해답을 내려 줄 멘토가 나에게 없더라도 문제없다. 유능한 사람만이 멘토가 되는 것은 아니다. 하나의 영상이 될 수도 있고, 한 권의 책이 나의 멘토가 되어 줄 수도 있다. 특히 책은 한 사람이 살아가면서 배운 지혜와 기술 그리고 정보까지 쉽고 빠르게 배울 수 있는 최고의 수단 중 하나이다.

4. 달성 가능한 단기적인 작은 목표 세우고 실행하기

앞서 언급했듯이 자신이 당장 할 수 있는 단기적인 작은 목표를 세우고 실행하는 것은 스스로 경쟁하며 맷집을 키우는 데 아주 효과적이다. 단기적인 목표를 세우면 고도의 집중력을 얻을 수 있고, 그 문제를 위한 다양한 해결 방법도 스스로 찾을 수 있다. 이 단기적인 목표들을 이뤄 가는 것은 결국 작은 점들이 모여 하나의 큰 그림이 되는 것과 같다.

세상은 본인이 어떤 선택을 하든지 어차피 다 위험하고 그에 따른 리스크가 따른다. 그리고 세상은 누구나 다 문제가 생기는 역경 속에서 살아간다. 하지만 중요한 것은 역경이 찾아왔을 때 당신의 선택이다. 실패와 좌절을 인정하고 그대로 주저앉을 것인지, 아니면 회복탄력성이라는 맷집을 길러 다시 한 번 매달려 볼 것인지는 당신의 선택에 달렸다.

오직
소수만이 가진 것

모두가 성공을 위해 꼭 필요한 요소인 것을 알고 있지만 오직 소수만이 하는 것이 있다. 그것은 뭘까? 바로 꾸준함이다. 세상에 퍼져 있는 수많은 동기부여 영상과 글에서는 언제나 이를 질릴 정도로 강조하고 있지만, 꾸준한 노력을 지속적으로 하는 사람은 그리 많지 않다.

절실한 마음으로 목표를 세우고 행동으로까지 이끌어 냈다면, 이미 절반의 성공이다. 남아 있는 절반은 하루도 빠짐없이 매일매일 꾸준히 하는 것이다. 무슨 일을 시작하든지 그 앞에 '매일매일' 또는 '꾸준히'라는 수식어가 붙는 순간, 나 자신과의 험난한 전쟁이 된다.

인간의 힘으로 할 수 있는 극한의 상황까지 최선을 다하는 데

◀ 나는 오늘도 성공을 준비한다

중요한 요소가 꾸준함이다. 사소한 일이라도 하루도 빠짐없이 매일 한다는 것은 체력적으로나 멘탈적으로 매우 힘든 일이고 언제 빛을 본다는 기약도 없다. 그럼에도 불구하고 성공한 이들이 이를 중요히 생각하는 이유는 '진인사대천명(盡人事待天命)'을 믿기 때문이다.

> "인간으로서 해야 할 일을 다 하고,
> 하늘의 뜻을 기다리는 게 순서다."

내가 할 수 있는 최선을 다했을 때 비로소 기회를 부여받을 수 있다. 인생에 한 번 올까 말까 하는 천재일우(千載一遇)의 기회가 온다면, 그 기회를 잡는 사람은 고집스런 꾸준함으로 무장한 준비된 사람일 것이다.

꾸준함을 무기로 창업 아이디어를 얻고, 큰 성공을 이룬 이가 있다. 바로, 현재 대한민국 국민이라면 모두 사용 경험이 있는 배달앱 '우아한 형제(배달의 민족)'의 창업자 김봉진이다. 그는 부와 명예는 물론 사랑까지 꾸준함 하나로 이루어 낸 인물이다. 실제로 김봉진은 이나모리 가즈오의 저서『왜 일하는가』에 나오는 다음의 구절에 깨달음을 얻고 꾸준함의 무기를 장착했다고 한다.

"일이란, 나 자신을 완성해 나갈 수 있는 가장 강력한 수련의 도구다. 그 일을 통해서 꾸준히 반복적으로 한 단계, 더 높은 단계로 나를 수련해 나가야 한다."

그는 어떠한 방법으로 꾸준함을 실천하고 그 꾸준함이 창업까지 연결될 수 있었을까? 당시 디자이너라는 자신의 직업에 맞춘 디자인 관련 콘텐츠를 하루에 8개씩 755일 동안 매일 하루도 빠지지 않고 업로드했다. 실제로 블로그나 SNS를 통해 콘텐츠를 업로드한 경험이 있는 사람이라면 콘텐츠를 위한 정보를 수집하고 정보를 토대로 자신만의 색으로 업로드를 매일 한다는 것이 얼마나 어렵고 힘든 일인지 알 것이다.

그러나 그는 매일 8개의 콘텐츠를 포스팅하기 위해 국내와 해외 사이트들까지 손을 뻗어 가며 정보를 찾아다닌다. 우연히 스마트폰으로 손쉽게 음식을 주문하고 배달할 수 있는 고객의 니즈를 파악했다. 그렇게 탄생한 것이 지금 우리 휴대폰에 있는 '배달의 민족' 앱이다.

처음 무언가를 하겠다고 결심하고 실행에 옮길 때는 열정으로 가득 차 있다. 그래서 많은 일을 짧은 시간에 빠르게 하려는 욕심을 가진다. 그러나 우리는 얼마 못 가 포기하는, 흔히 작심

삼일의 경험을 모두 가지고 있다.

일단 시작하면 잘될 거라는 막연한 기대와 기본기를 무시하고 욕심을 부려 조급했을 가능성이 크다. 초기의 열정이 조바심으로 변하는 오류가 생긴 것이다. 그것이 우리의 꾸준함을 방해하는 적, '조바심'이다.

처음부터 단거리 선수처럼 전력 질주를 하면 금방 지치고 만다. 마라톤이라 생각하고 천천히 호흡하고 적당한 페이스를 유지해 오랫동안 하는 것이 중요하다. 단거리 선수는 갑자기 42.195km를 완주하지 못하지만 마라톤 선수는 100m쯤은 거뜬히 뛸 수 있다는 것을 기억해야 한다.

인디언 기우제는 절대 실패하지 않는다. 비가 올 때까지 기우제를 계속 지내기 때문이다. 조금은 고집스러우면서도 우직한 인디언 기우제는 우리가 꾸준함을 갖추기 위해 배워야 할 부분이기도 하다.

조바심은 인간에게 꼭 거쳐야 할 길을 제쳐 두고 지름길로 가고 싶게 하는 욕구에 빠지게 하는 함정을 만든다. 조바심에 관하여 『맹자』 「공손주」 편에 나오는 재밌는 이야기가 있다.

송나라의 한 농부가 자신의 논에 심은 벼가 이웃 논의 벼에 비해 빨리 자라지 않아 안타깝게 여겼다. 농부는 고민하기 시작했고 방법을 찾아냈다. 벼의 싹들을 뿌리가 드러나지 않는 선에서 모조리 잡아당겨 인위적으로 이웃 논들과 키를 비슷하게 맞춘 것이다.

기쁜 마음으로 집으로 돌아온 농부는 아들에게 이 사실을 알렸다. 이에 놀란 아들이 다음 날 밭으로 달려갔는데, 아니나 다를까 벼들이 다 말라 죽어 있었다. 어리석은 농부의 조바심이 낳은 참극이었다.

이처럼 조바심을 내는 것은 다 된 밥에 재 뿌리듯 우리의 꾸준함을 방해한다. 황금 알을 낳는 거위의 배를 가를 생각을 하지 말고 천천히 해도 좋으니 끝까지 하는 것이 중요하다는 사실을 잊어선 안 된다.

우리도 시작한 지 얼마 되지 않아 성과가 바로 나길 기대하고 있는 것은 아닌가 한 번쯤 생각해 볼 필요가 있다. 인스타그램의 비즈니스 계정을 빠르게 키우기 위해 팔로워 수만을 늘리는 데 돈을 지불한다. 하지만 그 방법은 알맹이(진짜 팬)가 없는 것이 흠이다.

또한 가령 웨이트 트레이닝을 시작한 지 채 몇 개월도 되지 않아 몇 년을 꾸준히 한 사람을 바라보며 '나는 왜 저렇게 안 될까?' 생각하거나, 새로운 것을 배울 때 실력이 소위 우상향하지 않는 것에 대해 불만을 가져 본 적이 있을 것이다.

하지만 타인이 봤을 때 대회에 나가 입상할 정도로 멋진 몸매를 가지고 있는 사람일지라도 자신에게 100% 만족하는 사람은 없다. 하지만 그들이 확실히 가지고 있는 것은 꾸준함에서 나오는 높은 자존감과 강한 자신감이다.

꾸준함을 가지는 방법

회사에서 일을 처음 배우든, 운동을 시작하든, 다른 공부를 시작하든, 나보다 먼저 시작한 사람에게 물어보면 항상 듣는 이야기 중 하나가 '하다 보면 된다'는 것이다. 거짓말 조금 보태 살면서 한 만 번쯤 들은 이 말이 이제 진리라는 것을 깨닫게 됐다.

처음부터 잘하는 사람도 없고, 세상에는 성과가 바로바로 나타나는 일도 없다. 가는 실이 모여 질기고 튼튼한 밧줄이 되듯이 꾸준함도 쌓일수록 내적·외적으로 단단해질 것이라고 믿고 오늘부터 자신을 무장해 보는 것이 어떨까? 꾸준함으로 무장한 준비가 된 사람이 되는 방법에는 어떤 것들이 있는지 한번 살펴보자.

1. 기본값을 무조건 한다고 정하고 하루 10분이라도 온전히 그 일에 집중할 수 있는 시간을 만들어 적당한 긴장감을 주며 루틴화시킨다.
2. 주변인들에게 공개 선언을 해서 자신을 지켜보는 관중을 만든다.
3. 자신이 충분히 감당할 수 있을 만한 목표를 설정한다. 지나친 목표 설정은 중도 포기 결과를 낳을 수 있기 때문이다.
4. 절실함의 명분을 항상 자각한다. 자신과 절대 타협하지 말아야 한다. 즉, 핑계는 금물이다.
5. 자신에게 휴식과 보상을 꼭 준다. 긴 자신과의 싸움에서 에너지를 축적하고, 머리와 마음을 비워 내는 것은 또 다른 무언가가 들어오게 하기 위한 하나의 좋은 방법이다.

화분에 물을 주면 물이 빠지지만, 그럼에도 불구하고 매일 꾸준히 물을 줘야 한다. 그래야만이 싹이 자랄지, 열매가 맺힐지 알 수 있다.

Chapter 4

시간과 돈이 없어도
뻔뻔하게 배우는 방법

Study 말고
Learn

우린 어릴 때부터 완벽을 배웠다. 이유는 학교 시험에는 정해진 정답만을 원했던 탓에 완벽한 정답이 아니면 다 틀린 게 되어 버렸기 때문이다. 그렇기에 우리는 배움에 있어 뻔뻔하지 못하다. 완벽하지 못한 두려움에 틀리면 왠지 부끄럽게 느껴진다.

그래서 모르는 게 있더라도 그냥 넘어가는 경우가 많다. 아니, 사실은 어디서 들어 본 것 같은 안다는 느낌을 내가 완벽히 안다고 착각한다. 미국 문학의 아버지 마크 트웨인도 말했다.

"곤경에 빠지는 것은 뭔가를 몰라서가 아니다.
뭔가를 확실하게 안다는 착각 때문이다."

배움이란 그런 착각에서 벗어나 내 몸의 일부가 되고, 내 것이 되도록 만들어 가는 과정이다. 그래서 단순 공부와는 그 의미가 조금 다르다. 배운 만큼 보이고 아는 만큼 행복해진다는 말이 있다. 이것이 시험을 위한 Study가 아닌 Learn이 필요한 이유이기도 하다

우리의 일상에는 조금 이상한 대화법이 있다. A와 B의 대화 내용을 한번 들여다보자.

A: 요즘 내가 수영을 배우고 있어. B: 너 수영 잘해?

A: 요즘 헬스 하고 있어. B: 근데 몸이…?

A: 나 골프 배우고 있어. B: 얼마나 됐어? 잘해?

A: 보컬학원 등록했어. B: 너 노래 잘하나 보다!

A: 요즘 영어학원 다녀. B: 영어 잘하나 보다!

뭔가 이상하지 않은가? 수영을 잘하지 못하니까 배우려고 수영장을 다니는 거고, 몸이 안 좋으니까 좋아지기 위해 헬스를 다니는 거고, 노래에 자신이 없으니 보컬학원에 다니고, 부족한 영어를 더 배우기 위해서 영어 학원을 다니는 거다. 골프도 마찬가지이다. 근데 왜 뭘 한다고 하면 자꾸 그거 잘하냐고

물어보는지 도통 이해가 되지 않는다.

한 친구는 나에게 자신의 몸이 뚱뚱해 부끄러워서 헬스장을 못 가겠다고 했다. 순간 할 말이 없었다. 나는 한순간에 멍해졌다. 이것이 완벽함에 익숙해진 교육의 폐해가 아닐까 하는 생각이 들기도 한다.

처음 배울 때는 어디서부터 어떻게 해야 할지 모르는 것이 당연하다. 하지만 배우고 나면 그 분야에 있어서 나보다 전문성이 있는 사람의 가르침을 받을 때도 빠르게 이해할 수 있다. 배움에 익숙한 사람들은 알고 있다. 더 나은 시각에서 나의 생각을 공유할 수 있게 됨은 물론이고, 배울수록 부족함을 느끼며 나를 점검하고 또 하나의 성장의 계기가 마련된다는 것을 말이다. 그러면서 본인의 가치와 수준을 계속 업그레이드해 간다.

본인 가치의 성장을 바란다면 제대로 배우고 능력치를 쌓아가야 한다. 그래야 내 주위 환경도 바뀌기 마련이다. 생각해 보라. 100억 부자들에겐 그들만의 세상이 있고, 회사원들에겐 회사원들만의 세상이 있다. 조금 불편할 수 있지만 분명한 사실이다.

꼭 부자와 평범한 사람들을 말하는 것이 아니다. 독서 모임, 수영, 클라이밍, 유튜버, 경제 공부, 요리 등등 지금 현재 내가 무엇을 하고 있고 또 배우느냐에 따라 주위 사람과 환경이 달라진다는 이야기이다.

내가 이용하는 단골 바버샵이 있다. 그 샵의 사장님은 60세를 훌쩍 넘은 나이에 이발소를 30여 년간 운영하신 분이다. 처음 내가 그곳을 방문했을 때 가게 분위기를 보고 다시 돌아 나가려고 했었다. 그 정도로 가게가 옛날 느낌이 너무 강했고 내 헤어스타일을 맡길 자신이 없었다. 헤어스타일을 망칠 것만 같았다.

하지만 그때는 시간적 여유가 없기도 했고 사장님의 친절한 응대 때문에 그냥 자리에 착석했다. 원하는 스타일의 사진을 보여 주며 이거랑 비슷하게만 해 달라고 부탁드렸다. 그런데 반전이 일어났다. 그분은 요즘 헤어스타일에 대해 너무나도 잘 이해하고 계셨고, 정말 사진보다 더 만족스럽게 완성시켰다. 드라이 기술과 포마드를 바르는 기술까지 무엇 하나 빠지는 게 없었다.

너무 궁금한 나머지 내가 물었다. "사장님, 어떻게 이런 젊은 트렌드의 헤어스타일을 잘 이해하고 계시나요?" 그분은 이발소를 30년간 운영하다 보니 금전적인 부분을 떠나서 낡은 것을 버리고 트렌드를 한번 따라가고 싶었다고 했다. 그리고 젊은 손님들을 상대하고 싶은 목표와 절실함이 있었다고 내게 말했다.

그의 샵에는 과거 이발대회 심사위원으로 활동했던 사진과 이용기능장, 수십 개의 표창장과 상장이 걸려 있다. 과거의 명성과 실력이 있음에도 불구하고 시간이 날 때마다 대도시에 있는 트렌디한 바버샵에 직접 가서 배웠다고 말했다. 배움을 택하고 스스로 환경을 바꾼 사장님은 나에게 큰 동기부여를 안겨 주었다. 그런 그의 노력 덕분에 홍보 활동, SNS 활동 없이도 현재 그의 샵은 젊은 손님들로 가득하다.

"오직 호기심 많은 사람이 배우고 오직 굳게 결심한 사람만이 배움의 장벽을 넘을 수 있다." - 유진 윌슨

모르는 것이 있으면 넘기거나 안다고 착각하지 말고 제대로 배워야 한다. 대부분의 실패나 잘못은 나의 무지에서 비롯되는 경우가 많다. '모르고 그랬다'라는 말이 과연 면죄부가 될 수 있을까? 적당히 원하면 핑계가 생기고, 절실히 원하면 방법이 생긴다고 했다.

처음에는 서투르고 모르는 것이 당연하다는 생각이 밑바탕 되어야 한다. 배울 때는 좀 뻔뻔하게 배우고, 과거를 버리고 새로운 것을 받아들이는 용기를 가져 보자. 그 배움이 내 삶을 좋은 방향으로 이끌어 줄 수 있을 것이다. 그리고 배움이란 남을 가르칠 정도의 내면화된 지식으로 만들었을 때 습득했다고 말할 수 있다.

성공 철학자 짐 론은 자신의 저서 『풍요로운 삶을 위하여』에서 배움에 대해 간단명료하게 세 가지로 정리했다.

"첫째, 배움은 부의 시작이다.

둘째, 배움은 건강의 시작이다.

셋째, 배움은 영성의 시작이다.

배우는 것은 모든 기적의 과정이 시작되는 것이다."

누가 이 글에 대해 반박할 수 있을까.

미래의 크기를 바꾸는
초점탐색 질문

소크라테스 하면 떠오르는 어록이 있는가? 그렇다. 바로 '너 자신을 알라'이다. 그런데 과연 나 자신을 완벽히 아는 사람이 몇 명이나 될지 궁금하다. 만약 과거나 현재에도 나 자신에 대해 잘 알았다면 그의 어록이 기원전부터 지금까지 이어져 내려왔을까 싶기도 하다.

사실 '너 자신을 알라'는 현시대에 중요시되고 있는 '메타인지'에 대한 소크라테스의 가르침이다. 제자들의 무지를 일 깨워 주기 위해서 직접 가르치기보다 모르는 것에 대해 문답을 반복하며 스스로 자각시켜 주는 방법이다. 메타인지란, 1976년 미국의 심리학자 존 플라벨이 만든 용어이며 자신이 무엇을 알고 모르는지를 정확히 알고 개선하는 능력을 말한다.

메타인지는 AI(인공지능)도 절대 따라올 수 없는 인간의 고유한 능력이기도 하다. 왜 인간의 고유한 능력인지 그 이유를 인지심리학자 중앙대학교 김경일 교수의 강연에서 엿볼 수 있었다. 그는 청중들에게 대한민국의 수도를 아느냐고 물었다. 청중들은 '네'라고 답했다. 이어서 과테말라에서 일곱 번째로 큰 도시 이름을 아느냐고 물었다. 모두 '아니오'라고 답했다. 이에 김 교수는 말했다.

"이겁니다. 인간은 모른다는 것을 즉시 인지할 수 있습니다."

AI는 모른다는 답을 찾아내기 위해 모든 시스템을 찾아본 뒤에야 답할 수 있다고 전했다. 그만큼 앞으로 AI의 비약적인 발전에도 불구하고 우리만의 경쟁력을 찾을 수 있는 무기 중 하나이다.

자신에 대한 무지의 가장 큰 이유가 바로 알고 있다는 착각, 즉 '지식의 착각'에서 나온다. 스티븐 슬로먼, 필립 페른백의 저서 『지식의 착각』에서는 지퍼와 변기에 대해 설명해 보라고 한다.

이 두 물건은 우리에게 아주 친숙한 물건이고 그것에 대해 다

안다고 생각하지만, 실제로 지퍼의 작동 원리와 변기 물을 내릴 때 안에서 어떤 현상이 일어나는지 아는 사람은 전문가가 아닌 이상 별로 없다. 세상은 놀랍도록 복잡하며 우리가 이토록 무지한데도 세상에 압도당하지 않는 이유는 우리가 거짓으로 살아가기 때문이라고 말하고 있다.

지금 종이와 펜을 꺼내서 나의 장점, 단점, 문제점, 개선해야 할 점, 노력이 필요한 부분을 한번 적어 보자. 막힘없이 술술 써 내려가는 사람이라면 그는 이미 성공한 사람이거나, 아니면 반드시 성공할 인물이라 생각한다. 하지만 대부분의 사람들은 타인에 대해서는 잘 파악하지만 정작 자신에 대해서는 무지한 경우가 많다.

지피지기면 백전백승이라 했다. 적은 배제하고라도 자신에 대해서만 잘 파악해도 내가 목표한 방향으로 나아가는 데 큰 도움이 된다. 그것이 우리가 '메타인지'의 능력을 키우기 위해 훈련해야 되는 이유이다.

현재 건설 대기업에 다니고 있는 오랜 지인과의 대화 중 재밌는 이야기를 들을 수 있었다. 그는 배움에 대한 다른 인식을 삶에 적용시키고 있다고 했다. 명문대를 졸업하고 대기업에 입사한 자신은 더 이상 배울 필요가 없다고 생각했지만, 현실은 그렇지 않았다.

언제나 자신이 엘리트라고 자부한 그였지만 전문대를 졸업 후 꾸준히 공부하고 배움과 발전을 멈추지 않은 사람 앞에서 승진의 기회를 놓치며 '나는 과거의 사람이었구나.'라고 깨달았다고 한다. 그 후로는 명문대 출신이라는 자부심을 뒤로하고 먼저 승진한 전문대 출신 동료는 물론 후배들에게도 겸손한 마음으로 배우겠다고 마음먹었다. 그리고 다시 해당 분야의 새로운 것을 배우고 익히며 자신이 모르는 새로운 것들이 너무 많았다는 것도 깨달았다고 한다.

그는 해당 기업에 입사 20년차를 바라보는 베테랑이다. 하지만 단순히 긴 경력이 모든 것을 안다는 착각의 늪에서 벗어나 다시 힘내어 앞으로 나아가고 있다. 그가 내게 말했다. "지금 나에게 필요한 것은 분통함이 아닌 겸손과 배움이다." 정말 멋진 마인드가 아닐 수 없다.

메타인지 훈련법

메타인지 훈련법은 전문가들에 따라 정말 다양하다. 그중 간단하고도 쉽게 훈련하는 방법 세 가지를 소개해 보려 한다.

1. 자존심을 버려야 한다.

경력이 오래되었다고, 고학력이라고 또는 나와 친숙하다고 해서 배움을 등한시하지는 않았는지 한번 생각해 볼 필요가 있다. 모르는 것이 있다면 부끄럽게 생각하고 혼자 전전긍긍할 것이 아니라 배워야 된다. 그게 친구, 후배, 자녀라 할지라도 말이다. 세월이 지나 바닥을 드러내는 것보다 성장이 낫다.

2. 배운 것을 직접 가르쳐 본다.

자신이 배운 것을 다른 사람이 이해하기 쉽게 가르쳐 줄 수 있을 때, 비로소 진짜 아는 것이다. 만약 막힌다면 확실히 아는 것이 아니므로 다시 한 번 살펴보아야 한다. 가능하다면 내가 배우는 것에 대해 전혀 모르는 사람을 가르쳐 보는 것이 더 효과적이다.

3. 글로 작성해 본다.

하루를 마무리하기 위한 일기를 써 보는 것이다. 사람은 시간에 지남에 따라 자신이 생각하고 싶은 대로 생각해 버리는 경향이 있기 때문에 자신이 언제, 무엇을, 어떻게, 왜 했는지 세세하게 기록하는 것은 나를 객관화해 주며 메타인지를 높이는 데 큰 도움을 준다. 또 한 가지 추천하는 방법은 배운 것을 글로 정리해 보는 것이다. 그 이유는 무엇을 쓸지 고민하며 내가 아는 정보들을 끄집어내고 그 속에서 내가 잘 알지 못하는 부분을 찾아낼 수 있기 때문이다.

그러나 뭐니 뭐니 해도 가장 중요한 것은 실행하는 것이다. 제시한 방법들을 실행하지 않으면 절대 나 자신이 어디에 위치하고 얼마만큼의 지식이 있는지 알 수가 없다. 꾸준한 실행을 통해 스스로 검증을 해 봐야 한다. 그럼으로써 자신의 목표를 좀 더 똑똑하게 계획할 수 있다.

공부든 일이든 열심히만 한다고 해서 다 잘되는 것이 아니라는 말이 있다. 효율적으로 자신이 처한 문제를 해결해 나가는 사람은 메타인지가 높을 확률이 높다. 미래의 크기를 바꾸는 초점탐색 질문은 스스로에게 해 보는 데서 시작한다. 삶의 방향성은 나를 정확히 아는 데서부터 나온다. 오늘, 나 자신부터 알아보자.

"아는 것을 안다 하고 모르는 것을 모른다고 하는 것이
아는 것이다." - 『논어』

대학의 몰락과
뉴노멀의 시대

"2030년에는 전 세계 대학의 절반가량이 없어질 것이다. 그리고 이전까지는 지식이 100년에 2배씩 증가했지만, 현재는 12시간마다 배가되고 있다. 이는 코로나19로 인해 변화의 속도가 더 앞당겨졌다."

미래학자 토머스 프레이 미국 다빈치연구소 소장은 이같이 말하며 마이크로 칼리지가 미래 교육의 핵심 대안이 될 것이라 주장했다. 마이크로 칼리지란 짧게는 몇 주, 길게는 1년 과정으로 실무 중심의 맞춤형 교육을 의미한다.

4차 산업혁명 시대로 하루가 다르게 변화하고 있는 상황 속에서 기존의 4년제 대학은 그 시간이 너무 길고, 교육의 속도가 느리다. 1학년 때 배운 지식이 몇 년 후면 이미 낡은 지식이 되어 버린다. 이는 지식의 반감기가 급격히 짧아졌기 때문이다.

실제로 그가 소장으로 있는 다빈치 연구소에서 '다빈치 코더스'라는 교육기관을 운영 중인데, 12주 혹은 1,000시간 정도의 짧은 기간에 신기술을 집중적으로 교육하기도 한다. 이 교육기관은 취업과 연계한 실무 맞춤형 교육을 실시하고 있다. '마이크로 학위'까지 부여하며 실제로 높은 취업률을 보이고 있기도 하다.

기존의 4년제 대학과는 다르게 학과를 개설하고 교수진을 꾸리는 데 걸리는 시간을 줄인다. 그리고 새로운 기술이나 역할이 나오면 바로바로 교육하고 필요한 곳에 즉각 투입시키기에 개인은 물론 사회 전반적인 수요를 충족시키기에도 아주 효과적이다.

다른 하나의 사례로 미국의 싱귤래리티 대학을 꼽을 수 있다. 이 대학은 2008년 미래학자 레이 커즈와일이 NASA와 구글로부터 지원을 받아 설립한 대표적인 마이크로 칼리지이다. 때문에 NASA Ames 연구센터가 캠퍼스 내에 있기도 하다.

싱귤래리티 대학은 기존의 4년제 학교에서 벗어나 인공지능, 미래학, 바이오, 나노기술, 로봇, 에너지, 금융 등을 10주간 집중적으로 교육하고 있다. 이 교육을 필두로 취업과 창업에 성공했다는 사례가 늘어나며 현재 많은 인재들과 심지어 기업인들까지 찾을 정도로 인기가 있다.

대학을 졸업해도 높아만 가는 실업자 수, 비싼 대학등록금으로 인한 학자금 대출 고민, 세계적인 인구 감소 문제로 인한 각 대학의 학생 인원 미달 현상까지, 사실 대학이 없어지거나 시대에 맞게 변화하는 것은 토머스 프레이의 말처럼 어쩌면 당연한 수순일지도 모른다.

요즘은 적어도 직업이 2번은 바뀌야 되는 시대라 한다. 그렇기 때문에 현업 전문가를 초청해 실무 중심의 맞춤 교육으로 빨리 배우고 산업에 투입되는 것은 아주 효과적인 방법이다. 산업이 바뀌면, 기업도 변화한다. 그러면 필연적으로 교육과 대학도 바뀔 수밖에 없다.

하지만 가장 중요한 것은 우리의 태도이다. 시대의 흐름에 따라 유동적으로 변화할 수 있어야 한다. 즉, 늘 새로운 것을 받아들이는 데 익숙해지고 배움을 멈추지 않는 자만이 살아남을 수 있다. 바꾸어 말하면, 기회의 문이 활짝 열린 것이다. 매 순간순간 나오는 지식과 신기술들이 넘쳐나니 말이다.

현재는 대한민국에서도 마이크로 칼리지의 '마이크로 디그리(학점당 학위제)' 기반의 학교와 기관들이 많이 생겨나고 있는 추세이고, 다수의 명문대에서도 준비 중이거나 시행하고 있기도 하다.

우리나라 교육의 핵심으로 아직까지 자리 잡고 있는 입시 공부가 사회에 나가서 과연 얼마나 쓰일까? 물론 기초가 중요하지 않다는 것은 아니지만, 회사를 다니며 필자가 알게 된 것은 입시 공부가 사회에서는 그리 많이 쓰이지 않았고 거의 모든 것을 새로 배워야 했다는 것이다.

앞으로 무엇을 할지 또 배울지 고민하고 있다면, 한 가지 분명한 것은 타인의 강요와 사회적인 환경으로 인해 반강제적으로 할 수밖에 없는 주입식 공부는 더 이상 답이 아니라는 것이다. 세계적인 흐름에 올라타 스스로 본인의 미래를 고민하고 길을 찾는 것이 더 좋은 방법이라 생각한다.

일론 머스크, 스티브 잡스, 빌 게이츠, 마크 저크버그, 소프트뱅크의 창립자 손정의 회장까지 이들의 공통점은 모두 학교를 자퇴했다는 것이다. 그들은 학교라는 프레임에서 벗어나 자신이 하고 싶고 배우고 싶은 것에 집중했다.

물론 이들처럼 다니던 학교를 자퇴하라는 극단적인 선택을 권유하는 것이 아니다. 기존 '프레임'에서 조금 벗어나는 노력이 필요한 시대이다. 배움의 주도권을 스스로 찾아보며 고민해 보고 선택해 보자는 이야기이다. 확실한 것은 지금의 저 CEO 들을 만든 것은 주입식 교육이 아니라는 사실이다.

아직 제대로 시작도 하지 않은 개화기에 있는 마이크로 칼리지를 빠르게 이해하고 배움의 폭을 넓히며 기회를 잡는 것, 이것이 우리가 앞으로의 미래를 대비하는 데 좋은 선택지일 수 있다.

짧고 굵게, 울트라 러닝

세계적으로 가장 권위 있는 공대인 MIT(매사추세츠공대)공대는 최고의 수재들만 가는 곳으로 고난이도 학습과정으로 정평이 나 있다. 그런 4년의 MIT 컴퓨터과학 과정 33개의 수업을 단 12개월 만에 독파한 캐나다의 한 청년이 있다. 그의 이름은 스콧 영이다.

그의 비법은 바로 '울트라 러닝'이다. 울트라 러닝은 '초학습'이란 뜻으로 초고속 고강도로 학습하는 독학이다. 스콧 영은 실제로 캐나다 벤쿠버에 살며 MIT공대 근처에도 가 보지 못했다고 한다. 그런 그가 MIT공대 수업을 들을 수 있었던 것은 MIT '오픈코스웨어(MIT OpenCouresWare)'라는 사이트에서 컴퓨터과학 과정 수업을 무료로 공개하고 있어 가능한 일이었다.

학습은 오직 그의 집에서 온라인 이루어졌다. 그는 수천 달러에 달하는 학비를 지불하고 졸업했던 대학 때보다 학업에 필요한 비용도 100분의 1(교재값)밖에 되지 않는 비교적 짧은 기간 동안의 울트라 러닝으로 독학했을 때가 더 많이 배웠다고 전했다.

울트라 러닝의 9가지 법칙

2011년 10월에서 2012년 9월까지 33개의 과목을 끝낼 수 있었던 것은 강의를 1.5배의 속도로 반복적으로 시청하며 4개월 만에 들을 강의 내용을 단 2일 만에 들었기 때문이다. 그리고 강의 내용 중 이해가 안 되는 부분이 있으면 다시 돌려 듣기가 가능했기 때문에 학습 효율이 좋았다고 한다. 그는 이런 경험들을 자신의 블로그에 'MIT 챌린지'라는 이름으로 올려 모든 과정을 자세히 공개했다.

그의 저서 『울트라 러닝』에는 울트라 러닝의 9가지 법칙을 이렇게 정의하고 있다.

1. 메타학습: 먼저 지도를 그려라!
공부를 하기 전 자신이 무엇을 배우길 원하고 부족한 게 뭔지 알아야 하는 단계이다. 메타학습에 가장 중요한 것은 세 가지 질문이다. 왜 배우려고 하는가? 무엇을 배울 것인가? 어떻게 배울 것인가?

2. 집중하기 : 짧은 시간에 집중도를 높여라!

배움에 집중할 수 있는 시간을 따로 마련하고 그 시간은 오직 공부에만 집중하라. 그리고 앞서 언급한 '개시 데드라인'과 '마감 데드라인'을 정하고 계획한 시간에 행동해야 한다.

3. 직접 하기 : 목표를 향해 똑바로 나아가라!

정확한 목표를 가지고 배우고자 하는 것을 실행해라. 배우려는 기술을 실제로 사용할 환경에 자신을 노출시키며 말 그대로 직접 해 보는 것이다. 일반적인 이론 수업보다 훨씬 더 많은 연습과 시간이 필요하기 때문에 좋은 효과를 볼 수 있다.

4. 특화 학습 : 취약점을 공약하라!

취약한 부분을 냉정히 바라보고, 그 부분을 쪼개어 다시 배우고 조합하라. 직접 하기 단계의 기술을 분석하고, 좀 더 부족하거나 집중해야 할 하위 기술들을 분리해서 능숙하게 할 때까지 특화 학습하는 것이다. 그런 후에 다시 직접 하기 단계로 돌아가 조합한다.

5. 인출: 배운 것을 시험하라!

자체적으로 시험을 치르고, 능동적인 복습을 하며 자신만의 지식으로 만들어라. 즉, 어느 정도 학습이 되었다면 책을 다시 보는 대신 머릿속에서 뽑아내는 고통이 필요하다. 심리학자 윌리엄 제임스는 "책을 다시 읽는 것보다 잠시 기다리면서 기억해 내려고 노력하는 편이 낫다."고 했다.

6. 피드백: 날아드는 조언을 피하지 마라!

피드백이 불편하다고 자존심을 세워서는 안 된다. 그렇다고 너무 민감하게 모든 것을 수용할 필요도 없다. 받은 피드백의 균형을 맞추고 이용해서 걸러야 될 것과 집중해야 할 것을 찾아야 한다.

7. 유지: 새는 양동이에 물을 채우지 마라!

학습한 내용은 시간이 흐르면 잊기 마련이다. 머릿속에서 지워야 할 것은 그 이유를 찾아 과감히 지우고, 기억해야 할 것을 다시 한번 제대로 공부한다.

8. 직관 : 뼈대를 세우기 전에 깊게 파라!

배운 것을 깊게 이해하고 기억하기 위해서는 배운 것의 개념과 기술을 파악하고 탐구하면서 좀 더 깊게 파고들어야 한다.

9. 실험 : 자신의 안전지대 밖을 탐험하라!

현재까지 배운 것에 만족하지 말고, 본인만의 언어로 만들어야 한다. 또한 남들이 탐색하지 못한 것을 찾아 꾸준히 실험한다.

앞의 법칙들은 시작을 하기 위한 것일 뿐이다. 배운 것을 통달하려면 남들이 다져 놓은 길을 따라가기만 해서는 안 된다. 남들이 상상하지 못한 새로운 가능성들을 찾아내야 한다.

이렇게 9가지의 법칙을 보면 다소 어려워 보일 수 있다. 하지만 대한민국은 잠자는 시간까지 줄여 가며 학교, 학원을 다니며 최소 10시간 이상씩은 공부하는 나라이고 세계를 좌지우지하는 유대인만큼 똑똑한 수재들이 많은 나라이다. 그렇기에 충분히 해 볼 만하다고 생각한다.

솔직히 명문대학 아닌 일반적인 대학들은 자신의 점수에 맞춰 어떻게든 다 들어갈 수 있다. 그래서 꿈도 없이 성급하게 과를 선택하거나, 심지어 친구 따라 과를 선택하는 경우도 보았다.

본인이 만족만 한다면 베스트겠지만, 졸업한 전공을 살려 자신이 하고 싶지도 않은 일을 하는 경우에는 몇 년 후면 직업 선택에 후회를 하고 다른 업종을 찾아보지만 마땅히 갈 곳이 없다 느끼고 머무르기도 한다. 그 이유는 하고 싶은 것을 찾았다 하더라도 다시 배워야 하는 두려움과 비용, 시간 등의 문제로 망설이기 때문이다.

그럼 이런 문제로 배움을 포기하고 영혼 없이 하던 일을 계속해야 되는 걸까? 아니면 어떠한 대안도 없이 회사를 나와 맨땅에 헤딩 식으로 무작정 도전해야 하는 걸까?

그렇지 않다. 학위에 대한 미련만 없다면(학위나 수료증을 받을 수도 있다), 정말 새로운 분야를 배우고 싶은 절실함만 있다면 우리나라에도 울트라 러닝을 할 수 있는 환경이 충분히 갖춰져 있다. MOOC 서비스를 제공하는 온라인 교육 플랫폼들이 생겨나면서 언제 어디서든 배울 수 있는 좋은 시대이다.

이뿐만이 아니다. 뭘 해야 될지 도무지 모르겠다면 강연을 들으며 전문가들에게서 인사이트를 얻어 하고 싶은 것을 찾아내고 필요한 것을 배울 수도 있다. 지금 우리가 사는 시대는 새로운 기회를 많이 부여하고 있다. 그렇다면 지금부터 돈과 시간, 공간에 제약받지 않는 여러 플랫폼들에 대해 한번 알아보자.

내 방에서 듣는
세계 일류 대학 수업

　나도 한번 시대에 흐름에 올라타 새로운 걸 배우고 싶고, 알고 싶은 것은 많은데 다시 대학을 가기도 부담되고 시간도 돈도 없다고 주저하고 있다면, 이제 주저하지 않아도 된다. 우리는 MOOC의 시대에 살고 있기 때문이다.

　MOOC란, Massive(제한 없이), Open(누구나), Online(온라인), Course(강좌)의 줄임말로 보통 '무크'라 불린다. 시간과 공간의 제약 없이 누구나 원하는 교육을 받을 수 있게 해 주는 무료 교육 플랫폼이다. 하버드, MIT 등 전 세계 명문대를 가지 않아도 의지만 있다면 얼마든지 일류 대학 유명한 교수의 수업을 무료 온라인 수업으로 들을 수 있다.

　대표적인 모델로 코세라(Coursra), 에덱스(edEX), 유다시티

(Udacity), 유데미(Udemy) 등이 있다. 무크 서비스는 2011년 스탠포드대학의 세바스찬 스런 교수가 유다시티(Udacity)를 통해 그의 강의를 공개했는데, 전 세계 16만여 명 정도가 수강하며 화제를 모았다. 이후 좀 더 체계화하며 발전시켜 나갔다. 무크는 온라인으로 진행되기 때문에 교수의 통제를 받지 않고, 강좌 학습자들은 토론방을 통해 수평적으로 지식과 경험을 공유하며 그 속에서 새로운 지식도 창조할 수 있는 것이 특징이다.

무크 시스템의 가장 대표적인 것이 2012년에 스탠퍼드대학 교수 앤드류 응과 대프니 콜러에 의해 창립된 코세라(Coursra)인데 250여 개의 대학은 물론, 기관 및 기업과도 협업하고 있다. 2022년 기준으로 4,500개가 넘는 온라인 수업이 운영되고 있고, 전 세계 1억 200만 명의 수강생을 보유하고 있다. 코세라의 경우 대부분의 강의는 무료로 운영되고 있지만, 수료증과 온라인 학위 과정을 받으려면 유료로 등록해야 한다. 그리고 현재는 한글 자막이 달린 강좌들도 많이 생겨 우리에게 있어 배움의 폭이 넓어졌다.

특히 우리에게 코세라(Coursra)가 조금 친숙한 것은 우리나라 카이스트(KAIST)대학 신소재공학과 홍승범 교수의 영향이 크다. 그가 코세라에 개설한 전자기학 특강의 수강생이 2021년

11월 기준 4만 명을 돌파했기 때문이다. 당시 홍승범 교수의 강좌는 수강자들로부터 "정말 이해하기 쉬운 강의였다."는 강의 평가를 들으며 MIT공대가 개설한 강좌보다 상위에 랭크되는 등 그 열기가 대단했다.

또 하나의 플랫폼인 유다시티(UdacitY)는 현재 AI, 자율주행 시스템, 사이버 보안, 코딩 등 4차 산업 관련 기술을 습득할 수 있는 과목에 집중하고 있다. 3개월 정도의 짧은 기간 동안 세계적인 IT기업의 전문가들이 직접 개발한 실무 중심의 교육을 진행하며 새로운 기술을 익히도록 돕고 있다.

수료를 마친 수강생들은 구글, 페이스북, 애플, 마이크로 소프트와 같은 대형 IT회사에 취업하는 사례가 늘어나고 있다. 그리고 현재는 채용 요강에 유다시티 교육 수료증을 요구하는 회사도 늘고 있는 추세이다. 유다시티는 실무 중심의 교육이라는 이점도 있지만, 무료 강의보다 유료 강의의 비중이 상대적으로 더 높다.

이런 대표적인 플랫폼들을 필두로 현재 전 세계적으로 MOOC가 등장했다. 영국의 FutureLearn, 일본의 J-MOOC, 중국의 XuetangX 등이 있다. 물론 MOOC의 한국형 버전도 있다. 2015년부터 교육부와 국가평생교육원진흥원의 주관으로 K-MOOC를 출범했다.

10개의 대학에서 처음 시행했던 K-MOOC는 현재 명문대 포함 160개 이상의 대학과 우수 기관이 참여하며 2022년 10월 기준 수강 신청자 200만, 누적 방문자 2,000만 돌파했다. 우리도 3,000개가 넘는 명문대 강의와 주요 기관 실무 교육을 대부분 무료로 들을 수 있다.

청소년이라면 진로 탐색의 기회가 될 수 있고, 대학생은 심화 학습 및 선행 학습, 일반인은 자기계발과 전문적인 정보를 습득, 구직자 및 재직자라면 창업과 취업에 필요한 정보와 직업 훈련을 할 수 있다. 이렇듯 자기계발과 취미로 배우는 것은 물론이며 더 좋은 것은 학점은행제로도 이용할 수 있다는 이점도 있다는 것이다.

이제 더 이상 공부할 방법과 시간이 없다는 핑계를 댈 수도 없다. 직장인이라면 퇴근 후에 해도 되고 여의치 않는다면 주말에 온라인으로 강의를 몰아서 봐도 된다. 다시 한번 강조하지만 대학을 부정하는 것이 아니다. 현재 대학생이라도 무크를 통해 다른 유명한 교수의 수업도 들어 보고 전공과 관련이 없더라도 관심 분야의 콘텐츠를 찾아 자기계발을 할 수도 있다.

아무리 흙수저라 할지라도 본인의 의지만 있으면 뭐든지 배울 수 있고, 업그레이드도 가능하다. 비싼 세금을 내면서 이런 유용한 무료 플랫폼을 이용하지 않고 고민만 하는 것은 너무 손해라고 생각한다.

MOOC, K-MOOC
어떻게 활용할 것인가?

　몽골의 한 소년이 MOOC 강좌를 우수한 성적으로 이수하고 16세의 나이에 MIT(매사추세츠 공과대학교)로부터 러브콜을 받으며 입학한 유명한 사례가 있다. 그 주인공은 바투시 미안간 바야이다. 미국에 가 본 적도 없는 그 소년은 15살 때 인터넷 환경이 그리 좋지 않은 몽골에서 MIT 전기전자회로 강좌를 수강했다. 조선비즈(2014. 9. 1.)에 따르면 강좌에 수강한 학생은 약 15만 명 정도였고, 그중 만점자는 단 340명에 불과했다고 한다. 바투시는 이 성적을 바탕으로 오직 자신의 방에서 인터넷 강의만으로 MIT 공대에 당당히 합격할 수 있었다. 우리나라보다 상대적으로 느린 속도의 인터넷과 좋지 않은 환경에 놓인 몽골에서도 가능하다는 것을 보여 준 것이다.

◀ 나는 오늘도 성공을 준비한다

MOOC 플랫폼 활용 5단계

우리는 더 잘할 수 있으면 잘했지, 못할 것이 없다. 지금 바로 MOOC, K-MOOC와 같은 플랫폼을 어떻게 이용하면 좋을지 활용 방법을 크게 다섯 단계로 정의해 보았다.

1. 일단 본인에게 필요하고 배우고 싶은 주제와 콘셉트를 먼저 설정한다.

단, 신중해야 한다. 보통 사람들은 내 주머니에서 돈이 나가지 않으면 크게 손해 볼 것이 없기 때문에 무료로 이용할 수 있는 것은 안일하게 생각하고 대충 하는 경우가 많다. 당장 포기하더라도 학습에 '데드라인'이 없고, 언제든 다시 할 수 있다는 장점이 단점으로 변모되는 경우이다. 그래서 MOOC를 통해 배울 때는 본인의 의지력과 마인드 세팅 그리고 선택의 신중함을 특히 요한다.

예를 들어 4차 산업혁명 시대에 맞는 창업을 목표로 하고 있다고 해 보자. 비즈니스를 최대한 홍보하고 고객들에게 다가가는 전략을 공부해야 할 것이다. 그렇다면 주제의 콘셉트는 4차 산업혁명, 마케팅, 브랜딩 전략 등이 될 수 있다.

2. 앞서 소개한 코세라(Coursra), **K-MOOC**와 같은 플랫폼에서 본
   인에게 맞는 강의를 탐색한다.

평소 자신이 존경했던 기업가도 있을 것이고, 대학 교수도 있
을 것이다. 하지만 중요한 것은 본인이 정한 주제와 콘셉트에
맞아야 한다는 것이다. 내가 설정해 놓은 틀에서 벗어나 신중
함을 잃고 흥미에 이끌려 강의를 선택하는 순간, 수박 겉핥기
식으로 이 강의 저 강의를 다 청취하고 정작 나에게 남는 것은
없게 된다. 시간 낭비다. 물론 주제와 본인이 원하는 교수가 잘
매칭된다면 최고의 조합이다.

앞서 4차 산업혁명, 브랜딩, 마케팅으로 주제를 정했다면 관
련 강의를 찾아본다. K-MOOC에 게시되어 있는 관련 강의로
는 건국대학교 권혁 교수의 "4차 산업혁명시대의 창업전략"을
찾을 수 있다.

3. 본인만의 강의 커리큘럼을 스스로 계획한다.

진짜 대학에서 공부하는 것처럼 수강하고 싶은 강의를 조합
해 커리큘럼을 계획하는 것은 본인의 학습 효과를 극대화시켜
준다. 강의를 정했다면 각각의 30강 정도의 강의를 하루에 얼
마나, 언제까지, 언제 공부할 것인지를 정한다. 계획이 있고 없
고의 차이는 상당하다. 매일같이 어떤 강의를 찾고 들을지 고

민하는 시간을 줄이고, 오로지 학습에만 몰입하고 집중할 수 있는 환경을 만드는 것이다.

4. 자신이 계획한 강의 청취와 청취 태도이다.

강의를 청취할 때는 유튜브를 보는 듯한 태도로 느슨하게 그냥 봐서는 안 된다. 마치 고3 수험생이 수능시험을 위한 인터넷 강의를 보듯이 적극적인 자세로 참여해야 한다. 중요한 부분은 강의를 멈추고 필기도 하고, 그날 배운 내용을 정리하고 암기하면서 자신만의 언어로 이해하려는 노력이 필요하다.

5. 자신만의 언어로 정리하고 이해한 내용을 개인 블로그, SNS에 업로드한다.

이해하고 습득했다는 것은 글로 적을 수 있어야 하고 입으로 말할 줄 알아야 한다. 즉, 남에게 가르쳐 줄 정도가 되어야만 진정으로 습득했다고 할 수 있다. 블로그나 SNS에 업로드를 하라는 이유는 자신과 같은 분야에 관심이 있는 사람들과 함께하며 도움을 줄 수도 있고, 부족한 것이 있다면 피드백도 받을 수 있기 때문이다.

이를 통해 지식의 배경이 넓어지고, 삶을 바라보는 시야가 깊어진다. 또한 자기 전문 영역에서 깊은 탐구를 통해『울트라 러닝』의 저자 스콧 영처럼 전문가의 반열에 오를 수도 있다.

위 내용을 조합해 선순환 구조를 만드는 방법을 간단하게 정리해 보았다.

선순환 구조를 만드는 방법

배우고 싶은 주제와 콘셉트 선정 → 강의 탐색 → 강의 커리큘럼 계획 → 강의 청취(필기·정리) → 글쓰기 또는 말하기로 내용 정리 → 자신만의 언어로 변환 → 본인의 블로그, SNS 또는 유튜브에 업로드 → 부족한 부분을 확인하고 다시 강의 시청

이렇게 '선순환 구조'로 만들면 완벽히 본인의 것으로 만들 수 있다. 우리는 이 구조를 충분히 만들어 낼 만한 저력을 가지고 있다. 공부를 잘했든 못했든 상관없다. 이미 학창 시절에 짜인 시간표대로 공부했던 경험이 있다. 그래서 더 가능하리라 본다.

그리고 이렇게 배운 것들은 단순히 자기계발에만 그치지 않는다. 자신이 익히고 정리하고 자기만의 언어로 탄생한 소위

고급 지식들은 새로운 가치를 만들며 재화의 창출도 가능하다. 클래스101, 클래스유, 크몽, 탈잉 등의 플랫폼을 통해서 당신이 익히고 재창조한 콘텐츠는 새로운 기회를 맞이하게 할 수도 있다. 내가 어렵게 학습한 내용을 다른 사람들은 이해하기 쉽도록 글로 정리해 전자책을 만들어 판매할 수도 있고, 말하기가 자신 있다면 직접 강의 영상을 찍어 판매하는 방법도 있다.

'내가 가지고 있는 지식이 다른 사람에게 도움이 되겠어?'라고 생각한다면 큰 오산이다. 실제로 위에 소개한 플랫폼은 일반인 전문가들의 클래스들로 넘쳐난다. 예를 들어 기타리스트에게 배우는 기타 초급 강의, 현직 부동산 전문가에게 배우는 부동산 경매의 기술, 현직 대기업 합격자에게 배우는 자소서 작성법, 제빵사에게 배우는 베이킹 클래스 등 자신의 전문 분야 위주로 많은 돈을 벌어들이는 사람도 있다. 진입장벽도 그리 높지 않다는 장점도 있다. 지식을 묵혀 두지 않고 바로 활용하는 방법이자 또 하나의 스펙이 되는 셈이다.

당신이 하고 싶은 것이 있다면 오늘부터 시간, 돈에 구애받지 않고 할 수 있는 MOOC 플랫폼을 자신에게 맞게 잘 활용해 보자. 이러한 배움의 구조가 확립된다면, 우리가 현대사회에서 살아남는 가장 효과적이고 확실한 배움의 방법을 얻은 것이나 다름없다.

무엇을 하고,
배워야 될지를 찾는 방법

무엇을 배울지 고민되고 도저히 내가 원하는 것을 찾기 어렵다면 어떻게 해야 할까? 바로 배움이 있는 공간에 자신을 노출시키는 방법이 있다. 여러 세계 박람회에 직접 가서 창업, 신기술 등의 견문을 넓히고 찾아내는 노력도 물론 중요하지만, 직장 생활이나 학업으로 인해 그럴 여유가 없다면 내 방에서 TED 강연에 주목해 보자.

TED란, 기술(Technology), 오락(Entertainment), 디자인(Design)의 약자이다. 1984년에 미국 캘리포니아 주 몬터레이에서 시작된 지식 강연 콘퍼런스이며, 인터넷과 스마트폰의 발달로 현재는 신기술, 과학, 국제적 이슈는 물론 대통령(빌 클린턴), 기업의 CEO부터 노벨상 수상자, 유명 배우, 작가까지 저명

인사들의 강연을 무료로 볼 수 있는 플랫폼이다.

"널리 알릴 가치가 있는 아이디어(Ideas worth spreading)"

TED가 삼고 있는 핵심 가치이다. TED의 강연은 18분으로 정해 놓았기 때문에 아침에 커피 한잔하는 시간, 출퇴근 시간, 쉬는 시간에 보기에도 그리 부담스럽지 않다. 비교적 짧은 시간에 저명인사들이 가지고 있는 지식을 배우기도 하고 자신의 관심 분야나 진로를 찾을 수도 있다.

TED 강연은 주로 영어로 이루어진다. 하지만 걱정할 필요는 없다. 전 세계 자원 봉사자들이 각국의 언어로 번역해 제공하기 때문에 대부분의 강연을 한국어 번역 버전으로 볼 수 있다. 만약 없다면 유튜브에 검색해도 웬만한 강연은 나올 것이다.

나는 짧은 여유 시간이 있을 때 TED 강연을 자주 시청하는데 최근 가장 인상 깊었던 강연은 『그릿』의 저자 앤절라 터크워스의 강연이었다. 대략 "목표를 향해 오래 나아갈 수 있는 열정과 끈기"에 대한 내용을 이야기한다. 그녀의 강연을 통해 내가 가진 생각을 정리할 수 있었고 많은 인사이트를 얻을 수 있었다.

또 TED의 흥미로운 점은 매년 테드상 수상자를 발표하는 것인데, 특히 2007년에는 우리에게 익숙한 빌 클린턴(전 미국 대통령)이 수상했다. 세계 최고의 강연 콘퍼런스 테드상은 축구 발롱도르 수상자만큼이나 사람들을 기대하게 만든다.

TED 강연의 장점

TED 강연을 적극적인 시청을 권하는 의미에서 장점을 짧게 정리해 보았다.

1. 배움으로부터 자신을 노출시키면서 무의식중에 지속적으로 발전을 이룬다.
2. 무료로, 언제 어디서나, 짧은 시간에 시청할 수 있다.
3. 저명인사들의 진정성 있는 강연으로 그들의 노하우를 배울 수 있다.
4. 때론 동기부여가 되기도 하고 각 분야의 전문 지식을 알 수 있다.
5. 자신의 흥미를 이끌어 낼 수 있고, 특히 다른 직종으로의 이직을 준비하는 직장인이나 학생에게는 진로 탐색의 기회가 된다.

이런 장점에 덤으로 현재는 TED 강연을 통해 영어 공부를 하는 사람들도 많다. 편안한 마음으로 시청하되, 본인의 관심 분야는 집중해서 필기도 하고 정리도 하며 준비해야 될 것들을 찾아보는 것도 좋은 방법이다.

우리나라에도 비슷한 강연 콘퍼런스가 있다. 유튜브나 SNS에서 한 번쯤은 봤을 법한 너무나 잘 알려져 있는 세바시(세상을 바꾸는 시간 15분)이다. '세바시 대학'이라는 콘셉트로 '함께' 성장하는 배움 커뮤니티를 주도하고 있다.

우리에게 친숙한 국내 저명인사들이나 교수, 연예인, 자수성가로 성공한 사업가, 작가, 영향력 있는 인플루언서들이 나와서 15분 동안 사람들의 가슴을 뛰게 하기도 하고, 새로운 지식을 전하는 강연을 한다. 국내에서 강연을 꿈꾸는 사람들의 꿈의 무대이기도 하다.

나 또한 열렬한 애청자인가 동시에 '세바시' 강단에 서고 싶은 꿈이 있기도 하다. TED 강연이 조금 부담스럽다면 '세바시'도 적극 추천한다. 우리와 보다 친근하고 거리가 가까운 사람들의 이야기를 현실적으로 들을 수 있다.

또 하나는 유튜브를 적극적으로 활용하는 것이다. 그 이유는 현재의 트렌드를 파악하기 위함이다. 유튜브는 MZ세대의 생활방식은 물론, 기성세대의 경험을 녹여 낸 영상들이 차고 넘치기 때문에 영상 조회 수, 좋아요 수, 구독자 수 등으로 트렌드를 한눈에 파악할 수 있다.

그리고 알고리즘 설계가 잘되어 있어 본인의 관심 분야의 영상들을 알아서 찾아서 띄워 주는 좋은 기능도 있다. TED 영상의 번역 버전도 많이 업로드되어 있으며, 세바시 강연도 많다.

유튜브를 보고, 배우며 자기계발해서 성공한 사례도 계속해서 늘어나고 있다. 물론 유튜브는 그 사용 용도에 따라 득이 될 수도 있고, 시간 낭비만을 일삼는 실이 될 수도 있다. 활용 용도의 선택은 온전히 본인의 몫이다.

이렇게 우리의 일상 가까이에 있지만 미처 소중함을 알지 못했던 배움으로 이끌어 줄 좋은 플랫폼들이 많이 존재한다. 혼자서 고민하는 대신에 여러 플랫폼들을 이용해 정보를 많이 얻어 내 보자.

현재 트렌드를 읽는 눈과 유익하고 새로운 정보가 자신에게 쌓여야만 그 속에서 제대로 된 배움의 길로 갈 수 있을 것이라 생각한다. 그렇기에 지식이 있고 배울 수 있는 공간에 나를 계속 노출시켜야 한다.

: 꼭 알아야 할 국내 배움 사이트 :

플랫폼	특징
K-MOOC	앞서 소개한 가장 대표적인 플랫폼이며 다양한 분야의 대학 강의를 무료로 제공한다.
KOCW (대학공개 강의서비스)	국내외 200여 개의 대학 및 기관 강의는 물론 테마 강의까지 무료로 들을 수 있고, 자료도 제공한다. 모바일 어플로도 수강 가능하다는 장점이 있다.
배움나라	ICT, 영상편집, 디지털 종합 역량 교육 등 IT 및 컴퓨터 관련 강의들이 많은 것이 특징이다.
Gseek (경기도평생 학습포털)	외국어, 자격증 취득, 취미, 자기계발, 청소년배움, 부모배움 등 다양한 강의를 무료로 제공하고 있다. 특히 자격증 관련 강의가 많다는 특징이 있다.
서울시평생 학습포털	유튜브 크리에이터 강의, 코딩, 인문학, 외국어, 건강, 취업, 창업 등 다양한 카테고리의 무료 강의를 제공한다.
세바시 (세상을 바꾸는 시간 15분)	다양한 분야의 전문가들 또는 선구자들로부터 다양한 정보와 지식을 얻을 수 있다. 사이트에 방문하면 다양한 무료 강연이 오픈되어 있다.

기자의
마인드와 시선

사실 우리가 성공하는 공식은 정해져 있다. 남들에게 아직 도달하지 않은 고급 정보를 먼저 얻는 것과 얻은 정보를 통해 좀 더 새로운 것을 창조하고 세상 사람들에게 공유하는 것이다. 생각해 보라. 삼성이나 애플과 같은 기업들은 쌓인 정보와 계발된 고유의 기술을 사람들에게 공유함으로써 계속 성장하고 있다. 그래서 우리에게는 정보를 얻기 위한 노력이 필요하다.

그렇다면 빠르게 변하는 시대의 흐름과 트렌드를 가장 잘 파악하고 공유하고 있는 사람들이 누굴까? 바로 세상의 소식을 누구보다 발 빠르게 전해야 하는 기자들이다. 물론 소수의 기자들을 두고 '기레기'라는 비속어를 사용하며 평가절하하는 사람들이 있지만, 필자의 생각에 지금 우리에게 필요한 것은 기자의 마인드와 눈으로 세상을 바라보려는 노력이다.

우리는 세상의 중요한 이슈와 기술의 발전들을 스쳐 지나가 듯 보고 있다. 하지만 기자는 세상의 변화를 허투루 넘기지 않는다. 미래를 바라보는 긴 호흡을 가지고 세상의 문제에 대해 항상 '왜?'라는 의문을 가지고 접근한다. 정치·사회·경제·문화·예술·건강·환경·과학 등 사회 곳곳의 목소리를 듣고 다양한 정보를 얻기 위해 동분서주한다.

또한 원만한 대인관계와 배우려는 열정은 꼭 필요한 기자의 덕목이기도 하다. 그 이유는 기자들이 각기 다른 생각과 입장을 가진 사람들을 만나 취재하려면 폭넓은 시야와 이해력을 가지고 있어야 하기 때문이다. 그뿐만이 아니다. 독자들의 신뢰를 얻기 위해 자신이 얻은 정보가 정확한 정보인지 철저한 확인도 필요하고 사건을 냉철하게 판단하기도 해야 한다.

그렇기에 한곳만 바라보지 않고 같은 문제에 대해 다양한 관점으로 접근한다. 때론 위험을 무릅쓰고 건드리기 힘든 성역에 도전하는 강단을 발휘하기도 하면서 누구보다 빠르게 세상의 소식을 사람들이 이해하기 쉽게 글로 작성해 공유하고 있다. 개인적으로 대단한 직업이라 생각한다.

기자의 마인드로 살아가는 방법은 '관심'에서 시작된다. 늘 변화하는 세상에 관심을 가지고, 그중 뭔가 하나라도 흥미와 관심을 넘어 제대로 배우려고 해야 한다. 그것이 전문성이 되고 그 전문성이 책임감이 될 수 있다.

또한 본인이 어떤 사람을 만나건, 어떤 문제와 마주하건 이해하려 하는 마음가짐을 갖고 그 사람에 대해 궁금한 점이 있다면 자세히 파고들어라. 이런 오지랖은 부려도 괜찮다. 다만, 항상 예의를 갖추고 상대방을 정중히 대하는 자세를 꼭 기억해야 한다.

사실 요즘 스마트폰의 영향으로 거의 모든 것이 가능하기 때문에 스스로 생각하고 고뇌할 일이 별로 없다. 하지만 기자의 마인드와 눈으로 살아가면 세상이 훨씬 생동감 있고 보다 폭넓게 모든 것을 바라볼 수 있게 된다.

이런 노력으로 얻어진 고급 정보들을 자신의 생각으로 정리해 정보를 원하는 사람들에게 공유하면 그게 바로 영향력 있는 사람이다. 인기 유튜버나 긍정적인 영향력을 행사하는 SNS 인플루언서들도 본인이 얻은 정보를 이용해 콘텐츠로 만들고 공유하며 활동하는 사람들이다. 그들 가운데 새로운 것에 대한 호기심과 세상에 일어나는 일에 관심이 없는 이는 없다.

스타트업 창업가, 유명 기업가 외에 우리 주변의 대표적으로 기자의 마인드를 가지고 살아가는 사람이 있다. 맛집 파워 블로거, 인기 유튜버가 그 대표적인 예이다. 파워 블로거의 경우 새로운 음식점이 오픈할 때마다 누구보다 발 빠르게 해당 식당에 방문해서 포스팅을 하고 공유한다. 때론 구석구석 숨은 맛집을 찾아다니는 발품을 팔기도 한다. 그것이 곧 재화의 창출로 연결된다.

또 한 가지는 바로 유튜버이다. 필자가 실생활 정보를 얻기 위해 자주 보는 대표적인 유튜브 채널이 '호갱구조대'인데, 2022년 11월 기준 구독자 120만 명에 이르는 대형 채널이기도 하다. 허위광고나 신종사기를 찾아내 알리기도 하고, 새로운 법이 계정되면 공유하기도 하고, 각 업계의 비밀을 파헤치기도 한다.

그 외에도 다 적을 수 없을 만큼의 다양하고 유익한 정보들을 콘텐츠로 만들어 짧게는 1분, 길어도 5분 내외로 쉽고 간단히 정리해 구독자들에게 공유하고 있다. 채널에 게시된 영상의 섬네일만 쭉 훑어보더라도 웬만한 기자들보다 정보의 스펙트럼이 넓다. 그가 얼마나 세상의 변화의 대한 관심과 새로운 정보를 찾아내려는 노력을 많이 하는지 한눈에 알 수 있다. 그래서 100만 이상의 사람들에게 선택을 받았다는 것이 그리 놀랍지 않다.

꾸준하게 기술 자격증을 취득하고 회사에 입사한 전형적인 대한민국 회사원의 표본인 나의 경우도 세상일에 관심을 가지기 시작하면서부터 생각이라는 것을 하기 시작했다. '이 회사가 과연 끝까지 나를 책임져 줄까?', '과연 자기계발로 업무 관련 자격증만 계속 취득하는 것이 앞으로 남은 인생에 많은 도움이 될까?', '회사가 망하면 나는 어디로 가야 하는가?'와 같은 생각이었다.

그때부터 회사에 내 모든 것을 의존하지 말고 갑작스런 일이 터졌을 때를 대비해야겠다고 다짐했다. 그 후로 필사적으로 세상 이슈에 관심을 들이며 독서 습관을 만들고, 앞서 소개한 TED, 세바시 같은 플랫폼에서 강연을 들으며 정보를 찾아다녔다. 그리고 그것들을 토대로 세부적으로 공부하는 것도 게을리하지 않았다.

그렇게 몇 년을 꾸준히 하다 보니 지금 내가 태어나서 단 한 번도 상상해 본 적도 없던 일을 하고 있는 것이 신기할 따름이다. 정년퇴임까지 무사히 직장에 다니는 생활만을 생각했던 좁은 시야에 머물던 내가 넓은 시야를 가질 수 있었던 것은 이미 누군가가 세상에 퍼트려 놓은 수많은 정보 덕분이었다. 그렇기에 나를 한 단계 더 성장시켜 준 그분들에게 항상 감사한 마음을 가지고 살아가려 한다.

"세상은 넓고 할 일은 많다."

전 대우그룹 김우중 회장이 한 말이다. 우리가 조금만 더 세상에 관심을 가지고 기자의 마인드와 눈으로 살아간다면, "세상은 넓고 배울 것은 많다."는 것을 알게 된다. 수많은 정보 속에 깔린 기회를 스스로 포착하고 배우며 자신의 것으로 재창조하는 것이 우리를 성공으로 이끌어 줄 하나의 강력한 무기가 될 것이다.

Chapter 5

위대한 결과:
선구자들의 자수성가 방법

독서 자수성가의
아이콘, 자청

연봉 10억 무자본 창업가, 연쇄 창업마,
라이프 해커, 역행자.

자기계발을 열심히 하고 있거나 성공을 꿈꾸는 사람들이라면 한 번쯤은 들어 봤을 키워드이다. 바로 현시대 많은 사람들에게 동기부여가 되고 있는 자수성가 청년 자청(본명:송명진)의 핵심 키워드이다. 2020년 혜성처럼 등장해 좋은 영향력을 펼치고 있는 그이지만, 사실 자청의 어릴 적 핵심 키워드는 못생김, 열등감, 흙수저, 오타쿠였다. 그랬던 그가 어떻게 종합 베스트셀러 1위(역행자), 6개의 사업과 4개의 지분투자 사업, 인기 유튜버가 될 수 있었던 것일까?

◀ 나는 오늘도 성공을 준비한다

자수성가의 시작, 독서

자청의 강연, 인터뷰, 책을 보면 독서의 중요성을 입이 닳도록 이야기하고 있다. 독서를 자주 언급하는 데에는 그럴 만한 이유가 있다. 그의 어린 시절은 앞서 언급했듯이 학업 성적, 외모, 열등감 등의 콤플렉스가 있었다. 그래서 현실도피성으로 게임과 애니메이션에만 몰두했다.

하지만 20살이 되던 해, 영화관에서 첫 아르바이트를 하며 인생의 터닝 포인트를 맞이하게 된다. 보통 아르바이트를 하다 보면 주변 동료들과 업무 이야기, 일상적인 대화, 때론 업무의 불만을 토로하며 서로 친해지기 마련이다. 하지만 자청은 이런 일상적인 대화조차 불가능했다.

스스로도 답답했던 그는 현실로 나와야겠다는 생각을 했다. 누군가에게는 쉬웠을 수도 있는 대화의 방법을 절실히 알고 싶어서였다. 그래서 화술에 대한 책을 읽었고 그것을 바로 현실에 반영했더니 대화가 잘되는 자신의 모습을 발견할 수 있었다고 한다. 그때 그는 깨달았다고 한다.

"아! 인생에도 게임처럼
공략집이 있구나!"

그때부터 200여 권의 책을 읽으며 자신의 열등했던 정체성을 바꿔 나가기 시작한다. 그에게는 독서의 중요한 두 가지 원칙이 있었는데, 일명 "22 전략"으로 매일 하루 2시간씩 책을 읽고, 읽은 내용을 글로써 정리하는 것이었다. 이유는 장기기억으로 가져감은 물론이며 현실에 실험해 볼 리소스를 만들기 위해서다. 자청은 이 과정을 '타이탄의 도구 수집하기'라고 부른다.

타이탄의 도구를 수집하고 실행한 자청의 대표적인 사업이 연애컨설팅 사업이다. 사업의 리스크를 줄이기 위해서 사업 관련 서적 20권과 심리학 서적을 다수 읽으며 책을 토대로 사업을 계획했다고 한다.

현재 그가 운영하고 있는 연애컨설팅 사업은 업계 1위를 차지하는 위용을 뽐내고 있다. 자청은 "책이란 인류가 쌓아 놓은 지식의 집합체이자 선대의 시행착오를 알고서 시작한다."는 말이 틀리지 않았음을 사업을 통해 몸소 보여 주었다.

"책들은 패배주의에 사로잡힌 내 머릿속에 새로운 소프트웨어를 깔아 주는 설치 가이드였다. … 부의 추월차선을 찾을 수 있었던 것은 머릿속에 새 소프트웨어를 깐 덕분이었다."
─『역행자』

사람을 끌어들이는 마법의 심리학

2020년 20개의 영상만으로 구독자 10만 명을 돌파하며 유튜브 은퇴를 선언한다. 누군가는 수십, 수백 개의 영상을 업로드해도 늘리기 어려운 구독자를 단기간에 비약적으로 늘릴 수 있었던 것은 바로 심리학을 이용했기 때문이다.

그의 유튜브 채널의 과거 영상 섬네일을 보면 유독 제목이 눈에 띈다. 〈심장 약하면 클릭하지 마세요〉, 〈가스라이팅으로 돈 버는 법〉, 〈사이코패스 자청의 하루〉, 〈인생 망하고 싶으면 안 봐도 됨〉 등 다소 자극적인 제목이거나, "청개구리 심리"를 이용해 솔직히 클릭을 하지 않을 수 없을 정도이다.

특히 10만 구독자를 단숨에 유입할 수 있었던 신의 한 수는 〈신사임당, 자청 등 사업한다는 유튜버들은 사실 최하위권일 수밖에 없음〉이라는 제목의 영상이었다. 당시 100만 구독자를 보유하며 최고의 주가를 달리고 있었던 신사임당을 저격하는 듯한 제목으로 이목을 끌었다.

하지만 실제 영상에서는 신사임당을 지지하며 그의 업적을 치켜세웠다. 현시대의 용어로 일명 어그로를 끈 것이다. 하지만 이 영상으로 신사임당 채널의 구독자 유입은 물론 신사임당까지 끌어들이며 그 결과는 대성공이었다.

그뿐만 아니라 흙수저, 찐따, 평범함 등의 자수성가 콘셉트의 단어 선택으로 사람들에게 '나도 할 수 있지 않을까?'라는 기대감을 심어 주며 공감대를 많이 얻은 것이 성공의 주요한 요인 중 하나이다. 그가 책에서 뽑아낸 타이탄의 도구 중 하나였던 심리학이 빛을 발하던 순간이었다.

배움, 자신감 그리고 실행력

과거야 어떻든 그가 사업을 하며 보여 준 자신감과 실행력은 대단하다. 대표적인 사례로 그의 사업체 중 하나인 "이상한 마케팅"을 막 시작했을 때의 이야기이다. 마케팅 사업을 하기 위해 글쓰기와 블로그를 배웠다. 그 후 무작정 유명 로펌을 찾아가 무료로 블로그 컨설팅을 제공하겠다고 제안하게 된다. 아쉬울 것 없었던 로펌 측은 이를 수락하게 되고 결과는 대성공이었다.

이를 바탕으로 그의 사업체가 홍보되며 또 다른 로펌에서도 제의가 들어오기 시작했다. 타 마케팅 업체의 10배가 넘는 가격임에도 불구하고 "이상한 마케팅"의 수요가 있었다는 점에서 그의 업체가 진행한 마케팅 퀄리티는 상당하다고 볼 수 있다.

확실히 배우고 본인의 것으로 만들었기 때문에 자신감을 가질 수 있었다. 만약 조급한 마음을 가지고 대충 배웠다면 절대 저런 자신감은 나올 수가 없다. 또 한 가지, 실패를 두려워하지 않는 저돌적인 추진력까지 겸비했다. 보통의 사람들은 아마 엘리트 집단이라 할 수 있는 로펌에 무작정 발 들이기가 쉽지 않았을 것이다. 알면 알수록 젖은 수건 같은 사람이라는 생각이 든다. 짜도 짜도 계속 물이 나올 것만 같다.

우리가 그에게 배워야 할 점

1. 주어진 환경을 탓하지 않는다.
2. 명확한 목표를 정하고 계획한다.
3. 자신의 부족함을 받아들이고 뭐든지 배우겠다는 자세
4. 배운 것을 바로 실행하는 추진력

그뿐만 아니라, 우리가 그에게서 얻을 수 있는 것은 너무나도 많다. 단순히 그의 영상을 시청하고 책을 읽는 데서 그치지 않았으면 좋겠다. 솔직히 평범한 우리가 재벌가들의 삶을 엿보고 똑같이 행동하는 것은 현실과 조금 동떨어지는 느낌이 있다.

그런 의미에서 자청을 모방해 보는 것은 좋은 선택지일 수 있다. 모방은 창조의 어머니라는 말이 있지 않은가?

성공이 당장 오늘, 내일, 한 달 뒤, 일 년 뒤가 아니더라도 괜찮다. 막막하고, 조급하고, 잘 모르겠다면 먼저 경험한 선구자들의 삶의 행적을 따라가다 보면 예상치 못했던 잠재 능력을 찾을 수 있을 것이다. 자청이 그랬듯이 말이다. 이제는 그에게서 우리가 앞으로 나아가야 할 방향성을 한번 찾아보는 것이 어떨까?

금빛 GRIT,
김연아

　피겨스케이트 역사상 여자 싱글 부문 최초 올포디움(출전한 모든 대회에서 3위 이내에 입상하는 것)을 달성한 피겨여왕 김연아에게는 굳이 다른 수식어가 필요 없다. 그것도 피겨의 볼모지에서 말이다. 그녀는 뛰어난 실력뿐만 아니라 강한 멘탈의 소유자로도 유명하다.

　2010년 밴쿠버 올림픽 당시 김연아 선수의 경쟁 상대였던 아사다 마오가 처음으로 트리플 악셀을 성공시키며 그야말로 인생 연기를 펼쳤다. 아사다 마오의 코치는 다음 순서였던 김연아의 멘탈을 무너트리기 위해 일부러 그녀의 대기 장소로 와서 오버액션을 취했다. 지켜보던 국민들은 긴장했다. 그러나 긴장감에 빠지지 않은 유일한 1인은 다름 아닌 김연아 선수였다.

상대 선수 코치의 오버액션에도 '피식' 웃으며 여유가 넘쳐 보이는 모습이 카메라에 잡혔고, 이내 바로 세계 신기록을 달성하며 금메달을 목에 걸었다. 이는 올림픽 역사에 길이 남을 명장면이 되었다. 그녀가 외풍에 흔들리지 않을 수 있었던 것은 상대 선수를 의식하지 않고 스스로 만족스러운 경기를 하겠다는 마음가짐과 어떠한 결과도 받아들이겠다는 담대함이었다.

"하늘이 내려 준 선수가 금메달을 딸 것이라고 생각했기 때문에 주인공이 되지 않아도 받아들일 준비가 되어 있었어요." - 김연아(벤쿠버 올림픽 직후, MBC무릎팍 도사)

반면 일본의 아사다 마오 선수에게는 당시 '3분 천하', '두부 멘탈'이라는 수식어가 붙기도 했다. 하지만 일부 유명 운동선수에게 멘탈이 약하다고 대놓고 비난할 수 있는 사람은 과연 몇 명이나 될까? 자신이 최선을 다해 준비하고 중요시 여기는 자리에서 실수를 하면 멘탈이 흔들리는 것은 사실 당연하다. 그렇기에 김연아 선수의 멘탈이 더 빛날 수밖에 없다.

그렇다면 김연아의 경기에서 보여 준 금빛 멘탈은 어디로부터 나오는 것일까? 바로 매 순간마다 후회를 남기지 않겠다는 마음으로 최선을 다해 노력한다는 것이다. 중요한 것은 그것이 실전이든 연습이든 가리지 않는다는 점이다. 태릉선수촌에 있을 때에도 훈련장의 불이 꺼질 때까지 훈련했다는 것은 이미 잘 알려진 사실이다.

어떤 분야의 전문가가 되려면 1만 시간을 연마해야 된다는 '1만 시간의 법칙'이 있다. 하지만 김연아는 무려 17년간 매일 7시간이 넘는 훈련을 해 왔다. 시간으로 환산해 보면 대략 4만 시간이 훌쩍 넘어간다. 김연아의 강한 멘탈은 노력과 연습으로 차근차근 만들어진 '자신을 굳게 믿는 마음'으로부터 나오는 것이다.

김연아는 자서전 『7분 드라마』에서 다음과 같이 전하기도 했다.

"물은 99도까지 끓지 않는다. 100도가 되어야 끓기 시작한다. 그 1도를 극복해야만 진정한 승자가 될 수 있다. … 열심히 노력해 놓고 마지막 순간에 포기해 모든 것을 제로로 만들어 버리기는 싫다."

좋은 스승을 만난 것도 그녀가 멘탈이 강해지는 데 중요한 역할을 했다. 그 스승들은 바로 브라이언 오서 코치와 안무가 데이비드 윌슨이다. 그들이 본 어린 김연아의 첫인상은 멋진 스케이팅을 하는 수줍음 많은 소녀였다. 스케이팅 기술은 물론 감정 연기까지 중요한 피겨의 특성상 수줍음은 떨쳐 내야 할 단점이었다.

그런 그녀를 위해 두 코치는 성격을 극복하라는 조언 대신 훈련 중 어두운 표정의 어린 김연아에게 장난을 치며 웃겨 주었다. 두 스승과 피겨에 대한 이야기도 나누고 함께 장난도 치면서 점점 자신감도 생기고, 표정도 전보다 자연스럽게 변해 갈 수 있었다고 한다.

두 스승의 훌륭한 지도도 있었지만, 우리는 김연아가 코치들에게 배우는 태도에도 주목해야 한다. 특출난 재능에도 불구하고 자신의 부족함을 인정하고 제대로 배웠기 때문에 비약적인 성장을 할 수 있었다.

브라이언 오서 코치는 선수 시절부터 '미스터 트리플 악셀'이라는 별명이 있을 만큼 완벽주의에 승부욕이 강하기로 유명했다. 그런 그의 가르침을 허물없이 받아들이고 완벽히 배우며 함께 성장해 나갔다. 이에 브라이언 오서 코치는 한 인터뷰에서 다음과 같이 이야기했다.

"연아는 제가 가르친 제자 중 가장 뛰어납니다.
지도하는 모든 것을 완벽히 배우려 하고 잘 흡수합니다."

김연아의 성공 요인과 배워야 할 점

피겨의 볼모지 대한민국에서 피겨여왕으로 등극한 김연아 선수를 통해 우리가 배워야 할 점은 어떤 것들이 있는지 꼭 필요한 것들을 한번 정리해 보았다.

1. 기본기에 충실한 자세

세계적인 선수들이 화려한 기술을 내세울 정도가 되면 기본을 간과하기 마련이다. 하지만 김연아는 세계선수권 우승 후에도 기본적인 점프와 스핀을 항상 연습하며 외양보다는 내실을 다졌다. 기본 없이 기교가 있을 수 없다. 우리의 삶에서도 슬럼프가 찾아오면 첫 번째 해야 할 행동이 기본부터 살펴보는 것이다.

2. 꾸준함과 인내력

김연아의 좌우명은 "No pain no gain(고통 없이는 얻는 것도 없다)"이다. 마치 훈련하는 기계처럼 발톱이 빠지고 발이 부어오르는 고통 속에서도 인내하고 매일 7시간 이상씩 훈련했다. 시작한 지 얼마 되지도 않아 성과가 나질 않는다고 실패라 여기지 말자. 우리에게는 아픔을 성장통 삼아 더 발전할 수 있는 경험이 쌓였다.

3. 철저한 자기관리

피겨스케이팅 선수는 철저한 중력과의 싸움이 필요하다. 그래서 체중 조절을 위해 항상 저녁 식사는 빵 한 조각 또는 간단한 야채를 먹으며 식단 관리를 했다. 무려 17년 동안 말이다. 물론 은퇴 후에도 철저한 관리를 보여 주며 여전히 아름다운 모습을 유지하고 있다. 또한 캐나다로 전지훈련을 갈 때면 시차 적응의 시간도 보내지 않고 바로 훈련에 돌입했다고 한다. 훈련 루틴을 맞추며 시간 낭비를 하지 않기 위해서였다.

4. 타인과 자신을 비교하지 않는다.

당시 경쟁 선수 아사다 마오가 고난이도 기술인 트리플 악셀을 구사하며 우위를 점할 때에도 흔들리지 않았다. 오히려 자신이 잘할 수 있는 트리플 러츠, 트리플 토룹 등의 기술에 집중하며 성공률을 높였다. 매사에 타인과 자신을 비교하면 발전은 커녕 불행한 삶을 지속할 뿐이다. 자책하지 말고 자신이 가진 무기로 할 수 있는 것에 최선을 다해 보자.

5. 타인을 배려하는 자세

은퇴 후 수차례 해설위원직 제의가 들어왔다고 한다. 하지만 뜻이 없다며 거절했다. 그 이유는 직접 경기를 펼치는 선수들

◀ 나는 오늘도 성공을 준비한다

보다 자신이 주목받는 것을 꺼렸기 때문이었다. 그래서 베이징 올림픽 때도 국내에서 후배들을 응원했다고 한다. 타인을 배려하는 것이 곧 나를 배려하는 것이라는 말의 적절한 예시이다.

6. 배우려는 자세

이미 세계적인 선수가 되었음에도 불구하고, 좀 더 효율적인 기술 사용을 위해 코치들에게 질문을 끊임없이 했다고 한다. 오죽했으면 코치들이 귀찮을 정도였다고 전하기도 했다. 자존심을 접어 두고 모르는 것이 있다면 배워야 한다. 배우지 않는 것은 성장을 멈추는 것이다.

7. 고민은 짧게 한다.

김연아는 한 다큐멘터리에서 훈련할 때 무슨 생각을 하냐는 PD의 질문에 "무슨 생각을 해, 그냥 하는 거지."라고 답했다. 고민이 길어지면 아무것도 하지 못한다. 그녀가 멘탈이 강한 이유 중 하나가 고민보다는 할 수 있는 것, 해야 할 것을 빠르게 행동으로 옮긴다는 데 있다.

8. 받아들이는 자세

아무리 석연치 않은 결과라 할지라도 받아들인다. 이는 김연아가 매 순간 최선을 다했기 때문에 후회가 없기 때문이라고 한다. 내가 통제할 수 없는 문제에 대해 빠르게 받아들이고 털어 버려야 한다. 과거에 얽매이는 것보다 새로운 미래를 계획하는 편이 낫다.

비단 스포츠에만 국한되지 않고 어떠한 분야, 나이를 막론하고 김연아에게서 배울 점은 손발가락을 합쳐도 모자랄 정도이다. 그녀의 살아온 행적을 보면 피겨여왕, 연느님, 퀸연아 등의 수식어가 붙게 된 것은 어쩌면 당연한 결과일지도 모른다.

강한 멘탈을 가지기 위한 필수 요건

1. 실패를 성장의 원동력으로 삼는다.
2. 어떠한 외풍에도 흔들리지 않고, 해야 할 일을 묵묵히 한다.
3. 불평불만 할 시간에 해법을 찾는 데 집중한다.
4. 매 순간 최선을 다하고, 결과에 후회 없이 깔끔하게 승복한다.
5. 실수를 인정하고 빠르게 개선한다.

노력의 아이콘,
억만장자 그랜트 카돈

5조 가치의 부동산 소유자, 3조 가치의 회사들 보유, 억만장
자, 뼈 때리는 조언가, 220만 유튜버, 파워 실행력, 600
억 개인 전용기 보유자, 10배의 법칙.

수많은 수식어가 붙으며 전 세계인들에게 동기부여 멘토가 된 이 사람은 바로 미국의 사업가 그랜트 카돈이다. 사람들이 그에게 열광하고 배우려는 강력한 이유는 바로 거친 실행력으로 빈손으로 시작해 자수성가한 투자가이자 사업가이기 때문이다.

그는 미국 루이지애나주 레이크 찰스라는 가난한 동네에서 태어나 홀어머니 밑에서 자랐다. 15살에서 25살까지 술, 마약

등을 하며 방탕한 생활을 해 왔다. 그런 그에게 큰 변화가 일어나게 되는데, 그 시작은 빚을 갚기 위한 돈을 원한다는 간절한 욕망이었다.

이를 위해 그랜트 카돈이 해야 될 첫 번째는 다른 사람이 아닌 나 자신을 신뢰할 수 있는 사람으로 만드는 것이었다. 아침에 태양이 뜨기 전에 일어나 규칙적으로 생활하며 삶을 통제하고 인생이 올바른 방향으로 갈 수 있도록 자기계발을 했다. 또한 비윤리적인 행동을 하는 친구들과 더 이상 어울리지 않는 것으로 성공의 첫발을 내딛었다. 지금부터 그가 어떤 마인드와 방법으로 현재의 재산 8조의 부를 이룰 수 있었는지 한번 알아보자.

"다른 사람들보다 10배 더 많이 생각하고 행동하라."

그의 저서『10배의 법칙』에 나오는 대목이다. 얼마나 더 생각하고 노력하느냐에 따라 성공이 좌우되고, 쌓아 온 노력에 따라 운이 따를 확률도 높아진다는 것이다. 실제로 그가 첫 사업을 시작하던 29살 무렵, 이전 직장과 동일한 봉급을 받기까지 3년이 걸렸었다고 한다. 예상했던 시간의 12배나 되는 시간이었다.

이런 상황에 놓였을 때, 그는 사업을 접겠다는 생각을 하거나 목표치를 낮추지 않았다. 오히려 노력의 양을 잘못 계산했다고 받아들이고 노력의 양을 10배로 늘려 결국 기존 목표 결과의 4배의 성과를 얻어 내기도 했다.

또한 성공하고 싶다면 10억 부자보다는 100억 부자가 되려 생각해야 된다고 전한다. 10억이 큰돈이라 생각하는 작은 마인드부터 고치라는 것이다. 노력을 비하하는 사람들을 비웃기라도 하듯이 올바른 행동과 노력이 있으면 성공할 수 있다는 것을 몸소 보여 준 인물이다. 그리고 그 성공들은 현재에도 지속적으로 이루어 나가고 있다.

그랜트 카돈이 말하는 성공의 이유

그랜트 카돈의 강연, 책, 세미나에서 전하는 그의 성공 이유 세 가지는 단순해 보이지만 결코 단순하지 않고 무겁다.

1. 성공은 중요한 일이다.

성공의 중요성을 축소하고 무시하는 사람은 성취의 기회를 스스로 포기하는 셈이다.

2. 성공은 의무다.

이유는 이미 있는 가족이나 미래의 가족을 책임져야 하기 때문이다.

3. 성공은 제한이 없다.

대부분의 사람들은 누군가가 먼저 성공을 이루면 이미 기회가 없어졌다고 생각하고 포기해 버리는 경우가 많다. 하지만 누군가의 성공은 그 분야가 가능성이 있음을 증명해 준 것이다. 나는 안 된다고 미리 정해 놓은 생각의 제한을 없애고, 선구자가 열어 놓은 기회의 문을 한번 들여다보고 나만의 아이디어로 변화시킬 것은 없는지 찾아보는 트인 시야가 필요하다.

무엇이든 이룰 수 있는 스텝 4

1. 머릿속으로 목표 그리기(상상)

그는 모든 성공은 상상으로부터 시작된다고 한다. 억만장자가 된 상상, 펜트하우스에 사는 상상, 닮고 싶었던 멘토의 삶을 사는 상상을 하며 목표에 가까이 가기 위해 할 수 있는 방법들을 생각한다.

2. 잡지, 인터넷으로 사진을 본다.

두 눈으로 억만장자의 삶을 엿보기도 하고, 펜트하우스의 내부도 보고, 존경하던 인물의 삶의 행적들을 두 눈으로 본다.

3. 직접 가서 느껴 본다.

펜트하우스에 살고 싶다면 직접 가서 하루 살아 보고, 만약 금전적 여유가 되지 않는다면 웨이터로 일이라도 하며, 집의 디테일한 부분까지 다 확인해야 한다. 그래야만이 현실에 더 가까워질 수 있다고 말한다. 즉, 가성비 모텔만 다니던 사람이 세계 최고의 서비스와 시설을 가진 호텔을 짓겠다는 꿈을 가지기 어려운 것과 같다.

4. 성공한 사람들과 함께 시간을 보내라.

카돈은 그들이 자주 가는 식당에 서빙을 해서라도 또는 돈을 지불하고서라도 성공한 사람들과 시간을 보내라고 이야기한다. 즉, 크게 생각하는 사람들과 어울리고, 그들의 방법을 배우고, 나만의 아이디어를 현실로 만들어야 한다는 이야기이다. 냉정하게 이야기해서 모든 사람들은 부의 크기와 명예에 따라 저마다의 부류가 있다. 속한 부류에 머물지 말고 그 틀을 뚫고 더 큰 세상으로 나오라는 의미이다.

위에서 말한 네 가지 스텝이 다소 비현실적으로 느껴질 수도 있다. 하지만 그는 오직 겪어 온 현실을 이야기하고 있다. 부정만 한다고 이루어지는 것은 아무것도 없다. 실행한다고 해서 손해 볼 것도 아무것도 없다.

그랜트 카돈이 자신의 20대를 돌아보며 후회한 것

물론 그가 자신의 20대를 돌아보며 후회한 네 가지를 이야기하고 있지만, 그가 우리에게 전하는 다소 따끔한 메시지로 받아들이면 더 효과적일 것이라 생각한다.

1. 첫 번째 후회, 술

그는 고등학교 졸업 후 술을 마시는 데 너무나도 많은 돈과 시간을 썼다. 그것은 쓸데없는 시간과 인생 낭비에 불과했다. 그 시간에 새로운 지식을 습득하고 강력한 사업 네트워크를 구축하는 데 썼더라면 지금보다 더 좋은 삶을 살 수 있었을 것이라고 후회했다.

또한 고등학교 졸업장과 대학에서 배운 지식들은 나의 커리어에 뒷받침이 되지 못했다. 오히려 영업과 협상력을 가르쳐 주는 데 지불한 3,000달러(약 360만 원)가 현재 8조의 재산을 만드는 데 밑거름이 되었다고 전했다.

2. 두 번째 후회, 여행

많은 사람들이 여행을 통해 견문을 넓히는 게 중요하다고 생각한다. 하지만 그는 여행 다니느라 지불한 돈과 시간을 쓴 것을 후회한다. 20대 여행을 통해 인생의 의미를 찾을 수 있다고 생각하는가? 솔직하게 하기 싫은 일을 한 대가를 보상받으려는 심리로 여행을 다닌다. 남는 것은 신용카드 빚과 여행하면서 찍은 사진뿐이다. 하지만 그 시간에 자기계발에 노력을 기울이고 땀을 흘리면 반드시 미래에 경제적 보답이 따른다.

3. 세 번째 후회, 늦잠 자는 것

일찍 일어난다고 해서 성공한다는 보장도 없지만, 늦잠을 자는 것은 생활 패턴이 깨져서 소중한 시간을 낭비하기 십상이다. 친구들과의 음주가무를 위해 새벽까지 놀다가 다음 날을 망치지 말고, 잠을 충분히 자고 해가 뜨기 전에 일어나라. 이는 그랜트 카돈이 20대 가장 후회하는 것이라 한다. 젊은 시절 소중한 시간을 잘 활용하지 못하고 낭비한 것이라 이야기했다.

4. 네 번째 후회, 현재 상태에 안주한 것

누군가에게는 아르바이트가 용돈벌이 수단이지만, 누군가에게는 사업의 시스템을 배울 수 있는 기회이다. 자신이 어떠한 일을 하든지 그 일을 '왜' 하는지가 중요하다. '왜'를 모르면 시간 낭비다. 스스로 자문해 보면 현재 상태에 만족하지 않게 된다. 현재에 안주하는 순간, 더 이상의 발전은 없다.

위에 소개한 내용들 말고도 그의 강연이나, 그의 저서『10배의 법칙』을 보면 아주 타격감 있는 내용들을 많이 전하고 있다. 동기부여가 필요하거나 돈을 바라보는 관점을 바꾸고 싶은 사람이라면 꼭 찾아서 보길 바란다.

10배의 노력과 실행력, 스스로 신뢰할 수 있는 사람이 되는 것, 과감하게 포기할 줄 아는 강단(비윤리적인 친구), 명확한 목표 설정, 성공을 위한 마인드 셋은 우리가 그에게서 필히 배울 점이라 생각한다. 특히, "나 스스로를 신뢰할 수 있는 사람으로 만드는 것"이 우선적으로 가장 중요한 대목이 아닐까 싶다.

하루에 해낼 수 있는 목표를 세우고(미라클 모닝, 독서1시간, 운동 1시간 등) 성취감을 얻어 보자. 이것이 우리가 그에게서 배운 지금 당장 할 수 있는 첫 번째 성공의 법칙이다.

유럽을 장악한
한국의 소녀공, 켈리 최

600,000,000,000원, 400대, 480,000명, 200,000부.

이 숫자들이 의미하는 것은 과연 무엇일까? 지금 바로 알아보자. 유럽에서 도시락을 파는 사업가, 켈리델리 회장, 연 매출 6,000억 원, 영국 400대 부자, 유튜브 구독자 48만(22년 12월 기준), 2030세대 멘토, 10개월 만에 20만 부가 팔린 베스트 셀러 『웰씽킹』의 저자 등 정말 빛나는 수식어들이다.

이 빛나는 수식어의 주인공은 바로 켈리 최 회장이다. 하지만 그녀의 과거는 신기할 정도로 소개한 수식어와는 정반대이다. 켈리 최가 흔히 말하는 흙수저에서 다이아수저까지 어떻게 올라갔는지, 그녀의 뒤를 한번 밟아 보자.

그녀는 가난한 가정 형편으로 인해 중학교 졸업 후 차비 7,000원을 들고 고향 정읍을 떠나 서울 와이셔츠 공장으로 향한다. 이유는 그 공장은 일하면서 야간 고등학교를 보내 주었기 때문이다. 그렇게 낮에는 공장에서 일하고, 밤에는 학교에서 공부를 하며 지낸다.

하지만 그녀는 자신의 처지를 원망하지 않았다. 오히려 단순 봉제공장 소녀공에 머물지 않기로 마음먹고 본격적으로 패션에 대한 공부를 하게 된다. 그러던 중 우리나라 패션 트렌드가 일본에서 왔다는 사실을 알고 무작정 일본 유학길에 오르고, 뒤이어 패션의 성지 프랑스로 떠나게 된다.

그러나 당차게 시작했던 패션 사업이 실패하며 30대 후반의 나이에 10억이라는 빚을 지게 되고, 죽음까지 생각하기에 이른다. 하지만 고국에 계신 어머니를 생각해 마음을 고쳐 잡고 다시 돈을 열심히 모으기로 결심했다. 그녀의 인생 제2막이 시작되는 순간이었다.

도움을 청하는 용기, 진심 어린 태도

대부분의 사람들은 도움 청하는 것을 부끄럽게 여기곤 한다.

◀ 나는 오늘도 성공을 준비한다

하지만 켈리 최 회장은 달랐다. 돈을 열심히 벌어 빚을 갚아 나가고 있을 무렵, 마트에서 프랑스인들이 그녀가 생각하기에는 맛없는 초밥을 구매하는 것을 보게 된다. 서양인들이 낯선 동양 음식을 사는 게 신기했던 그녀는 곧바로 시장조사에 들어갔고, 한국이나 일본 마트에 파는 수준의 초밥만 만들면 경쟁력이 있을 거라는 판단이 들었다.

하지만 그녀가 혼자서 하기에는 무리가 있었다. 그래서 가장 처음 한 행동이 바로 파리 최고의 스시 장인 야마모토 구니오를 찾아가는 것이었다. 3번의 퇴짜 끝에 초밥 조리법을 배웠고, 처음 낸 가게가 성공을 거두며 대형마트에 입점시키는 데까지 성공했다.

그 후 사업이 안정되고 나서 결국 자문을 구했던 야마모토를 자신의 회사 '켈리델리'에 스카웃하게 되었다. 또한 세계적인 요식업 시스템을 배우기 위해 드니 하네칸 전 유럽 맥도날드 CEO에게 연락해 노하우를 전수받기도 했다. 훗날 드니 하네칸 또한 '켈릴델리'의 이사회 의장을 역임한다.

마지막으로 미국에서 이미 성공을 이뤄 본 『돈의 속성』의 저자로도 잘 알려진 김승호 회장에게도 연락해 자문을 구하기도 했다. 용기 있게 도움의 손길을 뻗으며 절실하게 노력한 끝에 결국 현재 '켈리 델리'는 유럽 전역에 1,200여 개의 매장을 두고

연매출 6천억이라는 엄청난 성과를 거두게 되었다. 그녀가 도움을 청하고 큰 성공을 할 수 있었던 것은 그녀만의 투철한 철학과 진심으로 상대방을 대하는 태도가 있기에 가능했다.

켈리 최의 성공 철학

켈리 최는 자신의 성공 비결로 롤 모델과 시각화를 꼽았다.

1. 롤 모델을 정해라.

그녀는 저서 『웰씽킹』에서는 롤 모델을 정하는 이유에 대해 이같이 전했다.

> *"부자들의 생각을 체득하고,
> 롤 모델을 찾아 쫓아가다 보면 성장할 수 있다."*

사업, 브랜딩, 마케팅, 인간관계 등 분야별로 롤 모델을 정한 뒤 그들을 따라가면 혼자 하는 것보다 훨씬 쉽게 배울 수 있다. 그녀 또한 독서를 통해 롤 모델을 찾고 SNS를 팔로잉하며 그들의 성공 노하우들을 배우고 실행에 옮기기도 했다. 그녀가 위에서 언급한 세 사람에게 과감하게 도움을 청할 수 있었던 이유이기도 하다. 그랬더니 5년 만에 큰 성장을 이룰 수 있었다고 한다.

2. 구체적인 시각화

자신이 원하는 이상적인 미래를 구체적으로 상상하는 습관을 말한다. 예를 들어 어떤 집에서 살고, 어떤 회사에서 몇 명의 직원과 함께하는지와 같이 말이다. 그녀는 저서 『파리에서 도시락을 파는 여자』에서 이같이 말했다.

> "꿈을 종이에 쓰고 거기에 이루고 싶은
> 날짜까지 적으면 그 순간 현실이 된다."

이처럼 구체적인 시각화를 한 이유는 성공을 위한 명확한 목표를 잠재의식 속에 심기 위해서이다. 시각화를 하는 것은 자수성가로 큰 부를 이룬 사람들의 공통점이기도 하다. 세계적인 자기계발 도서 『시크릿』에 나오는 "끌어당김의 법칙"이 실제 현실이 되어 나타난 것이다. 켈리 최 회장도 『시크릿』에서 많은 영감을 얻었다고 밝힌 바 있다.

2010년 출간된 후 현재까지도 사랑받고 있는 책 『멈추지 마,

다시 꿈부터 써 봐』의 저자이자 대한민국 대표 꿈쟁이 김수영 작가 또한 가난·가정불화·왕따 등을 겪었지만, 자신의 꿈 목록 72개를 작성하고 시각화했다. 그 결과 지난 10년간 전 세계를 누비며 도전하고, 그 꿈을 모두 이루며 많은 독자들에게 희망의 메시지를 던져 주기도 했다.

우리가 여태 "끌어당김의 법칙"과 꿈의 시각화를 활용하지 못했던 이유는 상상하기 전에 이미 우리의 한계선을 낮게 측정해 놓았기 때문은 아닐까?

포기한 습관

큰 부를 이룬 사람들은 많은 것을 꿈을 위해 많은 것을 포기한다. 켈리 최 회장 또한 포기한 세 가지 습관이 있다.

1. 음주를 하는 것
2. 드라마 시청과 게임을 하는 것
3. 모임에 참석하는 것

음주와 드라마 시청, 게임(현재는 오락 목적의 SNS 포함)은 그녀가 사업에 더 맑은 정신으로 집중하기 위해서 그리고 시간 낭비를 하지 않고 많은 시간을 확보하기 위해 포기한 것이다. 하지만 놀라운 것은 세 번째, 모임에 참석하지 않는다는 것이다. 보통의 사람들은 사업의 필수 요소 중 하나로 인맥 관리를 꼽는다. 저자 또한 그렇게 생각했다. 하지만 그녀는 인맥은 관리의 대상이 아니라며 선을 그었다.

"누군가 나에게 친구가 되고 싶어 하는 사람은 좋지만,
나를 인맥 관리 대상으로 생각한다면
나는 그 관리의 대상이 되고 싶지 않다."

이러한 그녀의 말은 정말 신선한 충격을 안겨 주었다.

켈리 최가 전하는 성공의 법칙

1. 명확한 목표를 설정한다.

꿈과 목표를 구체적으로 설정하라는 것이다. 목표가 분명해야 한다. 정해진 구체적 목표와 꿈을 한 문장으로 적어 잘 보이는 곳곳에 붙여야 한다. 그리고 그 목표를 언제까지 달성하겠

다는 데드라인을 꼭 정한다.

2. 구체적인 상상을 한다.

꿈을 실제로 이루었다 생각하고(좋은 집, 회사 규모, 직원 수 등) 매일 아침 명상과 두뇌 암시를 통해 시각화시킨다. 그녀는 꿈을 꾸고 상상하고 행동하면 반드시 현실이 된다고 전한다.

3. 액션플랜 실천

할 수 있는 작은 것부터 시작한다. 무리한 목표보다는 당장 실천할 수 있는 목표를 정하고 지켜 나가다 보면 자신감이 생긴다. 즉, 작은 성공으로 성취감을 느껴 보라는 것이다. 그 방법으로는 규칙적인 운동, 독서, 충분한 수면 등이 있다.

4. 매일매일 이루고 싶은 꿈을 100번씩 외친다.

일의 우선순위를 분명히 하고, 지속적으로 자기 암시를 하기 위해서이다.

"행복은 성장할 때이다.
큰 성공을 이룬 사람들도 성장이 멈추면 우울해한다."

"재능 있는 한국 젊은이들이
유럽 시장에 적극적으로 도전했으면 좋겠다."

켈리 최 회장이 청년들에게 전한 메시지이다. 우리에게 성장의 시기 같은 것은 없다. 그녀의 말처럼 말하고 계획하고 행동한다면, 그 시간이 곧 성장의 시기이다.

실패보다 후회를 두려워한
모험가, 홍정욱

　자기계발서 100권 중 99권에서는 끊임없이 도전하라고 집필되어 있다. 하지만 '진짜 제대로 그런 사람이 과연 있을까?'라고 생각했다. 하지만 나의 의문을 찍어 누르듯이 그런 문구들에 가장 적합한 사람이 있었다. 바로 자신의 소명을 찾기 위해 끊임없이 도전하고 모험하는 『7막 7장』, 『50 홍정욱 에세이』의 저자이자 명언 제조기 '올가니카'의 홍정욱 회장이다.

　그는 10대에 존경하던 미국 케네디 전 대통령의 뒤를 밟으려 미국으로 떠났고, 20대에 법조계(미국 변호사)와 금융계(리만 브라더스)를 거쳤으며, 벤처기업 스트럭시콘을 창업했다. 30대에 국내 언론사 헤럴드 미디어를 인수했고, 18대 국회의원에 당선되었다. 40대에는 국회의원의 옷을 벗고 친환경 푸드 기업 '올가니카'를 경영하고 있다.

지금 소개한 내용은 그의 생에 가장 굵직한 도전만을 정리해 놓은 것이다. 그의 일대기를 엿보면 이렇게 많은 도전들이 정말 가능했는지 의심이 들 정도이다. 지금부터 모험가 홍정욱을 따라가 보자.

매 순간 도전하는 삶

"길이 있는 곳으로 나아가지 말라. 대신 길이 없는 곳으로 나아가 너의 발자취를 남겨라." - 랄프 왈도 에머슨

홍정욱 회장의 좌우명이다. 그는 자신의 저서『50 홍정욱 에세이』출판을 앞두고 매일경제와의 인터뷰에서 자신의 50년 인생을 한마디로 정의해 달라는 질문에 주저 없이 "도전해 온 삶"이라며 15세에 미국으로 떠나면서 모험의 여정이 시작되었다고 전했다.

당시 케네디 전 대통령의 모교인 명문고교 초우트 로즈마리홀에 입학하기 위해서 초우트 고교 입학 처장과 홍정욱의 입학을 돕고 있던 김정원 박사가 심각한 대화를 나누고 있었다. 이유는 그의 부족한 영어 실력 때문이었다. 결국 입학처장은 한

가지 제안을 했다. 랭귀지 스쿨을 수강한 뒤 영어 성적이 올 A
가 나오면 입학을 허가해 주겠다는 것이다.

당시 그는 인사말 정도를 건넬 수 있는 영어 실력이었던 터라
사실상 불가능한 미션에 가까웠다. 하지만 짧은 시간에 문법·
회화·영작 3과목에서 보란 듯이 A를 받아 내며 입학을 허가 받
았다. 홍정욱의 도전의 삶의 도화선에 불이 붙는 순간이었다.
그 후의 하버드 대학 입학과 졸업, 스탠포드 대학교 로스쿨 졸
업, 미국 변호사, 리먼 브라더스 투자금융가까지 두루 거치며
도전하는 삶을 이어 간다.

"평생을 양으로 사느니 하루를 살아도 사자로 살자."

이렇게 생각한 그는 실리콘밸리로 넘어가 동업자 2명과 100
억 원의 투자를 받아 스트럭시콘을 창업했지만, 생각과 달리
큰 실패를 맛보고 한국으로 귀국한다. 이때가 그의 가장 비참
했던 시기라고 회상하기도 했다.

하지만 한 번의 실패로 멈추지 않았다. 귀국 후 당시 50년간
거의 매년 적자를 이어 오던 언론사 헤럴드 미디어를 인수하게
된다. 세간의 우려를 씻어 내고, 특유의 과감한 결단과 행동으
로 인수 3년 만에 흑자로 전환시키며 14년 연속 흑자를 내는 언

론사로 탈바꿈시켰다.

회사를 다시 일으키기 위해 구조조정으로 의한 노사 갈등은 물론이고, 다른 많은 문제들이 있었을 것이다. 하지만 철저한 준비와 빠른 결단력 그리고 실행력이 이와 같은 결과물을 만들어 낸 것이다.

실패보다 후회가 두렵다

과거로 돌아간다면 하고 싶은 일이 있냐는 질문에, 그는 "돌아가고 싶지 않다."라고 답한다. 그만큼 자신이 한 일에 대해서는 후회가 남지 않게 노력하고 도전했다는 뜻이다.

대표적인 예로 18대 국회의원 총선 당시 대부분의 사람들은 젊은 언론사 사장,『7막 7장』으로 쌓은 인지도의 이유로 그가 화려하게 영입된 줄 알고 있다. 하지만 그 실상은 달랐다. 공천에서 두 번이나 낙천되었다. 그가 속한 당에서는 마지막으로 한 지역구를 제안했는데, 제안한 지역구는 단 한 번도 그의 소속 당이 당선된 적이 없는 곳이었다.

당시 소속 당의 공천심사위원은 홍정욱 회장을 나이로 보나, 인지도로 보나 정말 아까운 인재라 여겼다. 그래서 이번에는 포기하고 4년 뒤를 기약해 보자는 조언을 했다고 한다. 하지만 그는 후회보다 실패가 두렵다며 공천을 받아 냈고, 끝내 당선되었다.

그의 국회의원 당선 여부가 중요한 것이 아니다. 우리가 배울 것은 두 번의 낙천으로 처참하고 승산이 없는 불리한 상황 속에서도 단 한순간도 후회 없는 선택을 하겠다는 그의 굳은 심지와 주체성이다.

"저는 반대하는 가족을 설득하고 어렵게 되살린 회사를 떠나 출마했습니다. 낙선이 두려워 출마를 포기한다면 평생 후회할 겁니다." "포기가 성공의 어머니가 된 경우는 없다."
— 홍정욱, 『50 홍정욱 에세이』

5년 후 나를 결정하는 두 가지

그 역시 독서의 중요성을 매우 강조하는 인물이다. 실제로 존 F.케네디 전 미국 대통령의 전기를 읽고 10대에 미국으로 떠나는 첫 모험을 시작했다. 또한 가와나 히데오의 『진짜 채소는 그렇게 푸르지 않다』를 읽고 현재 친환경 푸드 기업의 창업에 큰 영감을 얻었다고 한다.

"5년 후 나를 결정하는 두 가지는 만나는 사람과 읽는 책. 이 둘 빼면 아무리 세월이 흘러도 같은 자리에 머문다." - 『50 홍정욱 에세이』

홍정욱 회장은 성공한 사람임에 틀림없다. 쌓아 온 경험치 또한 상당하다. 하지만 그도 난감한 현실의 벽에 부딪힐 때 가장 먼저 찾는 것이 책이며 책을 통해 미래를 계획한다고 한다. 지금 현재 우리가 어떤 책을 읽고, 계획하고 행동하느냐에 따라 우리의 미래가 바뀔 수 있다. 그만큼 책이 주는 힘은 위대하다.

"멈추는 순간 지식이 끊기고, 지혜가 마르며, 비전이 쇠하고, 인생이 기운다." - 홍정욱

도전과 성공은 비움으로부터

그는 변화가 필요할 때 무엇인가 끊거나 버린다. 그는 운동과 독서를 하기 위해 골프를 끊었고, 미술을 좋아하지만 미술품을

수집하지 않는다. 물론 자동차나 사치품에는 더더욱 관심이 없다. 대신 간직할 순간들을 모은다고 한다.

회사를 경영할 때에는 우선순위 세 가지를 넘으면 더 이상 우선순위가 아니라고 말한다. 중요한 세 가지에 집중하고 나머지는 그릇에서 비우는 것이 그의 철칙이다. 이는 해야 될 일과 안 해도 될 일을 명확히 구분 짓기 위해서다.

비우는 것이 쉬워 보이지만 절대 쉽지 않다. 사실 모으는 것보다 더 어렵다. 힘들게 쌓아 놓은 것들을 잃는 느낌이 강하게 들기 때문이다. 하지만 그릇을 비워 내야만 새로운 것들을 담을 수 있다. 홍정욱 회장은 물론이며, 많은 사람들이 명상을 최고의 뇌 휴식이라고 말하는 이유도 머릿속을 깨끗이 비워 냄으로써 새로운 것을 받아들일 준비를 할 수 있기 때문이다.

"100마리의 쥐로 배를 채울 필요는 없다. 한 마리 사슴만 잡으면 된다." - 매일경제 인터뷰(21. 1. 26.)

모험의 리더십

홍정욱 회장은 많은 강연에서 청년들에게 모험을 하라고 전하며 크게 세 가지 질문을 던진다.

1. 어떻게?(핵심가치, 지향하는 가치관) 왜?(목적, 존재의 이유) 무엇을 할 것인가?(꿈, 사명)

자신에게 먼저 던지는 질문이자 모험을 떠나기 위한 준비 과정이다.

2. 남이 가지 않은 길인가?

성공한 1등 기업들은 항상 남다른 도전을 했다. 그들의 공통점은 비범한 리더가 있었다는 것이다. 그렇기에 더 중요하고도 어려운 질문이다.

3. 실패할 준비가 되어 있는가?

우리가 변화하지 못하는 이유는 불확실한 내일에 대한 두려움 때문이다. 홍정욱 회장은 "리스크 없이 세상을 바꿀 수 없다. 리스크 없이 쓰인 역사는 없다."고 말하기도 했다.

홍 회장의 말을 뒷받침하는 대표적인 예가 바로 삼성 반도체이다. 1980년대 당시 이건희 삼성전자 부회장은 삼성의 미래는 반도체에 있다고 판단하고 아버지 이병철(당시 삼성전자 회장)

에게 강기동 박사와 강대원 박사가 설립한 한국반도체를 인수하자고 제안한다.

당시 한국반도체는 적자를 거듭하며 도산 위기에 몰려 있었다. 당연히 냉철한 이병철 회장은 제안을 거부한다. 하지만 이건희는 포기하지 않고 본인 소유의 삼성전자 주식을 매각하면서까지 한국반도체 지분 50%를 인수했다. 그 결과 미국과 일본이 6년 만에 성공한 반도체 개발을 단 6개월 만에 성공시키며 세계를 놀라게 하였다.

이는 2023년인 현재까지 이어지며 전 세계 스마트폰 시장과 반도체 산업을 선도하며 치열하게 정상 다툼을 하고 있다. 당시에 이건희 회장이 리더로서 리스크를 감수하며 도전하지 않았다면 현재 대한민국의 대표 먹거리는 과연 무엇이었을까?

모험의 리더십에서 제안하는 세 가지 질문에 대해 스스로 문답해 보면 우리는 두 부류로 나뉘게 된다. 정말로 모험을 계획하고 리더가 되느냐, 아니면 팔로워가 되느냐이다. 저자의 생각에는 모두가 비범한 리더가 될 수는 없다. 하지만 당장 리더가 되지 못해도 괜찮다.

일단은 다른 사람의 성공을 돕는 최고의 팔로워가 되어 보는 것도 경험을 위한 좋은 선택지일 것이다. 다만, 리더가 되어야만

하는 꿈이 생기고, 그 꿈을 설계할 때에는 홍정욱 회장의 세 가지 질문에 꼭 답해 보는 것은 선택에 있어 큰 도움이 될 것이다.

실패보다 후회를 두려워하는 그의 삶의 철학은 많은 귀감이 된다. 홍정욱 회장을 롤모델로 삼고 있는 나도 후회를 하지 않기 위해 매 순간 도전하는 삶을 살려고 노력하고 있다. 각각의 도전마다 그 무게는 다르고 성공과 실패의 여부도 다르지만 성공했을 때의 성취감 그리고 실패를 했을 때 얻을 수 있는 경험은 나에게 큰 자양분이 된다.

실패는 경험이 되어 우리를 발전시킬 수 있지만 후회는 돌이킬 수 없다. '아, 그때 ~할걸.', '그때 했어야 했는데…' 해 봐야 이미 지나간 과거일 뿐이다.

Chapter 6

일과 삶의
진짜 워라밸

휴식은
선택 사항이 아니다

스탠퍼드대학교 연구원인 알렉스 수정 김 방의 저서 『일만 하지 않겠습니다』에서는 최고가 된 사람들은 1만 시간의 노력 뿐만 아니라, 1만 2,500시간의 의도적 휴식이 있었다고 한다. 휴식은 일의 반대 개념이 아니라 동반자이고, 창의적인 성과를 내도록 돕는 조력자라고 전하고 있다.

당신은 주말을 어떻게 보내오고 있는지 한번 되돌아보자. 나를 위한 온전한 휴식을 취하고 있는지 아니면 전날의 지나친 과음으로 오후 늦게까지 시체가 되어 있는지, 그것도 아니면 온전한 휴식을 취하지 못하고 다음 주 월요일을 걱정하고 있지는 않은지. 어떠한 형태로 쉬고 있든지 주말만큼은 건드리지 말라고 이야기하는 당신에게 성공한 사람들의 비밀 무기는 주말에 있음을 알려 주고 싶다. 과연 그들은 우리와는 어떻게 다르게 황금 같은 주말을 보내고 있을까?

아인슈타인, 세계적인 영화감독 스티븐 스필버그, 철강왕 앤드루 카네기, 빌 게이츠, 페이스북(현 메타)의 창립자 마크 저커버그, 구글의 창업자 세르게이 브린, 석유재벌 존 록펠러, 스타벅스의 CEO 하워드 슐츠는 각 분야의 세계 최고라 불리며 나아가 미국 경제를 좌지우지할 수 있는 엘리트 집단이다.

이들의 공통점은 세계 인구의 0.2%에 불과한 유대인이라는 사실이다. 이런 유대인들에게 아주 특별한 날이 바로 '안식일'이다. 안식일은 '편하게 쉬는 날'을 의미하며 주 7일 중 금요일 일몰에서 토요일 일몰까지는 모든 업무와 정신적·육체적 노동을 정지하고 오로지 각자의 방식대로 휴식을 취한다.

그들에게 휴식은 선택이 아닌 의무이다. 가족과 함께 좋은 시간을 보내기도 하고 자신의 삶을 돌아보고 잘못을 뉘우치고 이를 개선하는 온전한 휴식 말이다. 종교적 관점을 떠나 안식일, 즉 휴식을 갖는 것은 매우 중요하다.

빠르게 돌아가는 세상 속에서 휴식을 사치로 생각하고 자신을 돌보지 않는 사람들이 많은 것 같다. 쉼 없이 달리고 걱정해야만 성취를 이루고 성공할 것이라고 생각한다. 우리는 이들을

'워커홀릭'이라 부른다. 이들에게 유대인들은 휴식은 나태함이나 걸림돌이 아닌 성공을 위한 하나의 좋은 전략임을 알려 주고 있다.

> "성공을 자축하는 것도 좋지만 실패를 통해 배운
> 교훈에 주의를 기울이는 게 더 중요하다."

마이크로소프트의 창업자이자 세계 최고의 부자 중 한 명인 빌 게이츠가 한 말이다. 주중에는 교훈을 얻고 자기반성을 하는 시간을 갖기는 힘들다. 그러나 상대적으로 여유가 있는 주말에는 짧은 시간이라도 이를 집중적으로 할 수 있다.

비슷한 예로 트위터의 창업자이자 현 블록의 CEO 잭 도시는 하루 16시간을 일하는 워커홀릭으로 유명하다. 그런 그도 주말은 이같이 사용한다.

> "토요일엔 하이킹을 하며 쉰다.
> 그리고 일요일엔 반성과 피드백
> 그리고 전략을 짜며 다음 주를 준비한다."

그들은 우리와는 다르게 일주일 중 5일만 성공을 위해 노력한 것이 아니다. 휴식을 취하는 중에도 의식적으로 스스로를 되돌아보기 위한 사색의 시간을 꼭 가졌다.

지금 혹시 머릿속으로 '뭐야! 그럼 주말에도 일로 스트레스 받으라는 거 아니야?'라고 질문한다면, 절대 아니라고 답하고 싶다. 자신을 돌아보는 것 또한 휴식의 종류 중 하나이다. 빌 게이츠나 잭 도시 또한 하루 종일 사색을 위한 시간을 가지지는 않는다. 특히, 빌 게이츠는 잡다한 집안일 그리고 브리지라는 카드게임을 즐기며 여유로운 시간을 보낸다. 자신을 돌아보는 시간은 그런 휴식들 중 하나일 뿐이다.

오프라 윈프리도 주말에 활력을 주는 활동과 밀린 집안일 등 할 일이 많아 아무리 정신없더라도 20분만 투자해서 명상을 하며 휴식을 취한다고 한다. 그녀는 이를 통해 일의 능률을 높일 수 있다고 이야기했다. 우리도 주말을 마무리할 때 딱 20분 정도의 시간만 내서 다음 주를 계획하고 스스로 마음가짐을 다지는 여유를 가져 보는 건 어떨까.

전문가들이 말하는 진짜 휴식을 취하는 방법

그렇다면 휴식을 취하는 방법에는 어떤 것들이 있을까? 전문가들이 말하는 정신과 육체를 위한 진짜 휴식을 취하는 대표적인 방법 다섯 가지를 소개해 보려 한다.

1. 호흡에 집중하는 명상하기

가장 시작하기 쉬우면서도 효과적인 방법이다. 바른 자세를 유지하고 호흡을 들이쉬고 내쉬면서 호흡의 흐름에 집중하는 것이다. 핵심 포인트는 생각을 비워 내는 것이다. 불안감과 스트레스를 완화해 주고 심지어는 고혈압에도 효과적이라고 한다.

2. 휴대폰 끄기

휴대폰으로 영상을 보거나 게임을 하는 것은 요즘 사람들이 가장 많이 취하는 휴식 방법 중 하나이지만, 스크린에 집중하는 것은 뇌를 쉬게 하지 못하기 때문에 오히려 피로감이 쌓인다고 한다. 대신 자리에서 일어나 스트레칭도 하고 바깥 공기를 쐬는 것이 효율적이다.

3. 가벼운 산책하기

가벼운 산책은 긴장감을 완화시켜 주고, 세로토닌이 분비되어 스트레스를 완화하는 가장 좋은 방법이라고 한다.

4. 낮잠 자기

수면 전문가들은 25~30분 정도 낮잠을 자는 것은 기억력을 높여 주고, 생산성의 효율을 높일 수 있다고 한다.

5. 모임에 참석하기

사람들은 가장 나다울 때 편안함을 느낀다. 그래서 같은 취미나 비슷한 상황에 놓인 사람들과 커피도 마시고 수다를 떨며 동병상련의 마음을 느끼는 것은 행복감을 높이는 데 좋은 효과가 있다고 한다.

주말에 제대로 된 휴식을 즐기기 위해서는 주중에 주말 휴식을 계획하는 것이 좋다. 중요한 것은 계획이라고 해서 무조건 해야 되는 것이 아니라, 그냥 가벼운 마음으로 하고 싶은 것을 버킷리스트처럼 적어 놓는 것이다. 그러면 집에서 멍하니 TV를 보거나, 스마트폰만 만지작거리며 낭비했던 아까운 주말 휴식 시간을 보다 알차게 보낼 수 있다.

다시 한 번 강조하지만, 계획해 놓은 것을 의무적으로 하려 하면 오히려 스트레스가 된다. 버킷리스트에 적어 놓은 것은 다음에 또 하면 된다. 주말은 앞으로도 많다는 것을 잊지 말자.

고속도로를 장시간 달리다 휴게소에 들러 화장실도 가고 커피도 한잔하는 것처럼 우리의 일상에서도 잠깐 휴게소에 들러 쉬면서 지쳐 있는 정신과 육체를 맑게 회복하는 것이 나와 해야 될 일 모두에게 더 효율적이다.

수면,
나를 위한 투자

사실 우리가 바쁜 일상을 살아가다 보면 수면이 부족하고, 이 때문에 수면 장애를 얻은 사람도 많다. 실제로 나도 잠자리에 누우면 이런저런 생각에 잠이 오질 않아 휴대폰을 보는 경우가 많았다. 그러다 잠에 들려고 하면 얼굴에 휴대폰을 떨어트린다. 정말 아프다. 그렇게 1시간 이상을 뒤척이다 잠이 들었다. 당연히 다음 날 컨디션은 좋을 리 없었고 하루를 커피로 버티며 하루 일과를 이어 나갔다. 나뿐만이 아니라 오늘날 많은 사람이 비슷한 경험을 했을 거라고 생각한다.

그러다 하루는 전날 과음을 한 것도 아닌데 속이 안 좋고 머리가 아파 병원을 찾았다. 의사 선생님의 진단은 과로였다. 의사는 음식 조절과 운동도 중요하지만 이 모든 것들을 하지 않는다 해도 충분한 수면은 필수라고 일러 주었다. 오래 행복하게 살고 싶었던 나는 잠을 잘 청할 수 있는 방법들을 찾게 되었다.

의사 선생님의 진단을 받으니 이런저런 잡생각에 잠이 더 오지 않았다. 방법을 찾아야 했다. 나는 일단 커피의 양을 반으로 줄이고, 집의 침대를 내가 살 수 있는 금액 한도 내에서 가장 좋고 편한 걸로 바꿨다. 그리고 11시가 되면 일단 침대에 몸을 뉘이고 전자기기를 멀리 두었다. 그리고 눈에 들어오는 빛을 완벽히 차단하기 위해 암막커튼도 설치했다.

확실히 효과가 탁월했다. 약 20분 만에 잠이 들었고 다음 날 컨디션도 훨씬 좋았다. 이 방법들을 써도 도통 잠이 오지 않을 때에도 잠자리의 오랜 습관이었던 휴대폰은 절대 보지 않았다. 대신 편안한 마음으로 책을 읽었다. 휴대폰을 보는 순간 1시간은 훌쩍 지나간다는 것을 잘 알고 있기 때문이었다.

구인구직 플랫폼 사람인이 직장인 565명을 대상으로 수면 실태 조사를 실시한 결과 전체 74%가 수면이 부족하다고 답했으며, 하루 평균 수면 시간이 6시간 6분이라는 조사 결과가 나왔다. OECD 회원국 평균 수면 시간이 8시간 22분인 것과 미국 국립수면재단 기준 최소 수면 권장 시간이 7시간인 것을 비교해 보면 수면이 부족하다는 것을 더 명확히 알 수 있다.

그럼 과연 업무 성과나 학업의 능률을 위해서 잠을 줄이는 것이 옳은 행위일까? 이에 심리학자 앤 윌리엄슨과 앤 마리 페이어는 잠에서 깬 지 17~19시간이 되는 시점에 혈중 알코올 농도 0.05% 상태와 비슷해진다고 밝혔다. 이 상태는 6시에 기상한다고 가정했을 때 밤 11시~새벽 1시에는 음주 상태로 일을 하는 것과 마찬가지이며 인지적 기능이 이미 손상된 상태라고 설명했다.

허핑턴 포스트의 설립자이자 『수면혁명』의 저자 아리아나 허핑턴은 과거 잠을 줄이고 미친 듯이 일하는 워커홀릭으로 유명했다. 그러던 2007년, 그녀는 과로로 쓰러지면서 책상에 머리를 부딪히며 광대뼈를 다치고 눈 밑이 찢어져 4cm를 꿰맸다. 정밀 검사 후 병원에서 받은 처방은 '수면'이었다.

그때 그녀는 자신의 삶을 다시 성찰하고 수면의 중요성을 깨달으며 수면전도사가 되었다고 한다. 그녀는 대부분의 사람들은 워커홀릭의 삶이 성공한 사람의 상징이라는 착각과 잠을 줄이고 성과에 매진하는 것이 성공을 위해 치러야 하는 대가라고 착각하고 있다고 꼬집었다. 그러면서 '숙면이 행복과 성공의 필수 요건'이라고 힘주어 말했으며, 현재에도 수면 전도사로서

왕성한 활동을 하고 있다.

우리나라 고3 수험생들의 격언에는 '4당5락'이라는 말이 있다. 하루 4시간을 자면 대학 입학에 성공하고, 5시간 이상을 자면 대학 입학에 실패한다는 뜻이다. 4시간이면 하루에 식사 시간 3시간을 제외하면(사실 3시간이 되지 않는 경우가 많다) 17시간 공부한다는 뜻인데, 그게 정말 가능할까? 그럴듯한 이야기로 들릴지 모르지만 내가 생각하기에는 너무 잔인하고 가혹한 말 같다.

유튜브 영상을 보다 우연히 〈STUDY CODE〉라는 채널에서 조남호 강사의 강연 영상을 봤는데, 그는 수험생 때 매일 7시간 30분씩 자고 방학 때는 8시간씩 숙면을 취했다고 한다. 다만 하루도 빠짐없이 깨어 있는 시간을 고도의 집중력으로 꾸준히 공부한 결과 서울대학교에 진학할 수 있었다고 한다. 수험생들이 자는 시간을 줄여 공부하라는 동기부여보다 이런 분의 영상을 보고 동기부여를 얻었으면 하는 바람이다.

최근에는 뇌 과학자들에 의해 잠이 뇌 기능에 많은 역할을 하고 있다는 사실이 드러나고 있기도 하다. 일단 잠을 자지 않으면 피로와 면역력 저하는 물론이며 기억과 학습에 문제가 생긴다는 것이다. 우리가 낮 시간 동안 보고 느낀 것들은 기억의 형태로 뇌에 저장된다. 많은 이들이 잠을 잘 때는 뇌가 쉰다고 생각하지만, 오히려 숙면을 취할 때 뇌 세포들과 시냅스들이 활성화되어 낮 시간의 기억들을 복습한다는 것이다.

그리고 이렇게 활성화된 시냅스들은 장기 기억으로 유지되는 데 탁월한 효과가 있다고 한다. 수험생과 직장인을 포함한 우리 모두는 인생의 장기 레이스를 하는 중이다. 피로 누적으로 퍼지는 것보다 적절히 잠을 청하고 컨디션을 유지하는 수면 관리가 꾸준한 성장을 위해 꼭 필요한 이유이다.

올바른 수면 방법

그렇다면 전문가들이 말하는 올바른 수면 방법에는 어떤 것들이 있는지 살펴보자.

1. 취침을 방해하는 조건을 제거한다.
잠자기 좋은 환경을 갖추는 것이다. 베개는 낮을수록 좋고. 전자기기는 되도록 멀리 두고, 암막 커튼을 이용해 외부의 빛을 차단한다. 그리고 소음을 유발하는 시계도 치워 버리자.

2. 일관된 취침 시간을 정한다.

노화방지 전문가 권용욱 박사는 9~10시에 취침하고 5~6시에 기상하는 패턴이 가장 이상적이라고 한다. 수면을 유도하는 멜라토닌은 빛에 의해 조절된다. 멜라토닌은 저녁에 분비되고, 새벽에 감소하기 때문에 우리의 몸이 이런 멜라토닌에 흐름에 맞춰야 수면의 질을 높일 수 있다고 설명했다.

3. 취침 직전 격한 운동을 하지 않는다.

자기 전 산책이나 스트레칭과 같이 가벼운 운동은 수면에 도움을 줄 수 있지만, 격한 운동은 엔도르핀 치수가 치솟아 흥분 상태가 되며 수면 유도를 방해한다.

4. 낮잠은 되도록 짧게 잔다.

주말에 주중 쌓였던 부족한 잠을 보상이라도 받듯, 낮잠을 많이 자는 사람들이 있다. 이는 밤잠을 설치게 하며 월요병에 주범이 된다.

5. 지나친 카페인 섭취에 주의한다.

식약처에서 공고하는 일일 카페인 섭취량은 성인 기준 400mg이라고 한다. 이는 에스프레소 기준 샷 4~5잔 정도이다. 카페인 과다 섭취의 부작용으로 가장 먼저 거론되는 것이 불면증인 만큼 주의가 필요하다.

매사에 열의가 넘치는 사람들은 잠자는 시간을 아깝다고 생각할 것이다. 하지만 아인슈타인은 하루 10시간, 아리아나 허핑턴, 아마존 창업자 제프 베이조스, 오프라 윈프리는 8시간, 수면을 애플CEO 팀 쿡은 7시간 수면을 꼭 지킨다고 한다. 이들은 과연 열의가 없었을까? 또한 알리바바의 창업자 마윈은 스트레스와 문제 해결 능력 관리는 충분한 수면에서 온다고 했다. 이들을 보면, 수면 시간을 줄여서 성과를 내야 한다는 의견은 분명 모순이 있다.

스트레스는
선택

스트레스를 해소하는 본인만의 방법이 있는지 한번 생각해 보자. 주변을 잠시만 둘러봐도 학비에 생활비에, 취업난과 구직난, 직장 생활 스트레스, 학업 스트레스, 가족 문제까지 우리는 셀 수 없는 스트레스에 노출되어 살아간다. 오죽하면 행복 지수가 극히 낮은 스트레스 공화국이라 불리는 실정이다.

글로벌 헬스 서비스 기업인 시그나 그룹이 2018년 건강과 웰빙의 일반적인 인식을 알아보는 웰빙 지수를 주요 국가 23개국을 대상으로 조사했다. 우리나라 웰빙 지수는 51.7점으로 23개국 전체 평균 61.2점과 비교해 무려 10점에 가까운 차이를 보이며 웰빙 지수 최하위에 자리 잡았다.

그 가장 큰 요인이 바로 스트레스라고 한다. 시그나 그룹의 조사 결과를 부정할 수 없는 것이 지금 당장 옆에 있는 사람에게 '요즘 스트레스가 있나요?'라고 물으면 90% 이상은 '있다'고 대답할 것이기 때문이다.

스트레스는 만병의 근원이다. 하지만 필연적으로 우리와 동행할 수밖에 없다. 당신은 스트레스를 받는다고 폭식, 홧김에 쇼핑 그리고 과도한 음주를 한 경험이 한 번쯤 있을 것이다. 이런 습관들은 일시적으로 스트레스 해소가 가능할지 모르지만 후에 더 큰 피로와 스트레스로 다가오기 때문에 자해 행위라 해도 무방하다.

그럼 스트레스가 없는 삶은 과연 좋을까? 이에 건국대 정신건강의학과 하지현 교수는 스트레스가 없는 것은 면역력이 없는 것과 같다고 말한다. 스트레스는 세상에 적응하고 살아가기 위한 생존 시스템일 뿐, 없애야 할 바이러스가 아니며 그런 점에서 스트레스는 박멸의 대상이 아닌 관리의 대상이라고 전했다.

그렇다면 우리는 어떻게 스트레스를 관리해야 할까? 스트레스는 평범한 사람과 성공한 사람을 가리지 않고 공평하다. 하지만 스트레스를 해결하는 노하우는 성공한 사람들이 월등히 많다. 이유는 여러 사업의 시행착오를 겪으며 스트레스의 경험을 많이 쌓고 적절히 관리하는 방법을 알기 때문이다.

아마존 CEO 제프 베조스의 스트레스 예방법

"스트레스란 자신이 통제할 수 있는 것에 대해 액션을 취하지 않는 데서 온다."

아마존의 CEO 제프 베조스의 말이다. 그의 스트레스 예방법을 알아보자.

1. 밤 10시에 잠자리에 들고 8시간 취침을 원칙으로 한다.

이는 평상시에 집중력을 높이기 위함이라고 한다.

2. 문제가 발생하면 미루지 않고 즉시 조치를 취한다.

문제 해결이 되든 안 되든 자신이 상황을 대처하고 액션을 취하는 자체가 스트레스를 줄여 주고 활력이 솟는다고 한다.

메타(구 페이스북)의 CEO 마크 저커버그는 언제나 같은 회색 티셔츠를 입으며 선택의 스트레스를 줄인다. 이는 스티브 잡스가 검은 터틀넥 티셔츠와 청바지를 고수하는 것과 비슷하다. 트위터의 창업자 잭 도시는 해야 할 것과 하지 말아야 할 것을 분명히 정해 놓고 요일별로 일을 나누어 일상을 예측 가능한 상태로 세팅하며 단순화시킨다.

이들의 스트레스 관리를 정리하자면, 먼저 충분한 수면으로 맑은 정신을 유지한다. 문제가 발생하는 상황을 줄이고, 그럼에도 발생한 문제에 대해서는 미루지 않고 바로 액션을 취하며, 일상을 단순화해서 한정된 에너지를 꼭 필요한 데 쓴다. 아직까지 당신만의 스트레스 관리법이 없다면 이들의 노하우를 일단 모방해 보고 자신에게 맞는 방법을 찾아보자.

그리고 또 하나 스트레스를 바라보는 관점을 바꾸는 방법이다. 바로 '플라세보 효과'를 적용하는 것이다. 플라세보 효과란 아무런 효과가 없는 약이라도 치료 효과가 있다고 믿으면 증상이 완화되는 현상으로 우리나라의 원효대사 해골 물 이야기와 비슷하다.

2016년 미국 노스웨스턴대학 의과대학 재활 연구소의 마르완 발키리, 바니아 아프카리안 박사가 연구팀들과 함께 퇴행성 관절염 환자 95명을 대상으로 임상실험을 진행했다. 일부에게는 진짜 진통제를 투여했고, 다른 일부 환자들에게는 설탕으로 만든 정제를 투여했다.

결과는 놀랍게도 가짜 약이 투여된 환자의 절반 이상이 실제로 통증이 크게 줄었다. 이에 연구팀은 플라세보 효과가 단순히 심리적인 기대작용이 아니라 생물학적 근거가 있음을 밝혀내는 동시에 뇌 과학으로도 입증한 것이다.

우리는 일상을 보내면서 '아! 스트레스받아. 짜증나.'와 같은 부정적인 말을 습관적으로 많이 사용한다. 이런 스트레스에 대한 사고방식을 플라세보 효과를 이용해 바꾸는 것이다. 스트레스는 건강에 해롭거나 풀어야 되는 부정적인 것이 아니고, 이 스트레스가 나를 발전시키고 성공으로 이끌어다 줄 핵심 요소라고 그냥 받아들이고 즐기는 것이다.

실제로 1998년 미국의 한 연구소에서 3만 명을 대상으로 스트레스가 얼마나 컸는지 조사하며, 동시에 "스트레스가 건강에 해롭다고 믿는가?"라는 질문을 던졌다. 8년 뒤 참가자들을 추적한 결과, 높은 스트레스 수치를 기록한 사람들의 사망 위험이 43% 증가했다. 그런데 놀라운 것은 스트레스가 건강에 해롭다고 믿었던 사람들만 사망 위험이 늘었다는 연구 결과가 나왔다는 점이다.

사람은 누구나 크고 작은 스트레스를 받으며 산다. 하지만 할 일도 많고, 하고 싶은 것도 많은데 어차피 받을 스트레스라면 굳이 부정적으로 생각하며 수명을 단축시킬 이유는 없지 않을까?

한 가지 확실한 것은 스트레스는 다른 사람이 해결해 줄 수 없는 오직 나만이 해결할 수 있는 문제라는 점이다. 스트레스는 관리의 대상이다. 스트레스는 성공으로 이끌어 줄 핵심 요소이다. 이 점을 꼭 기억하자.

걱정·불안에서
벗어나는 단 1분

혹시 당신은 일어나지도 않은 일에 대해 걱정과 고민을 하고 있지는 않은지 아니면 지나간 일에 대해 집착하고 있지는 않은지 스스로 자문해 보자.

걱정과 불안의 숲으로 들어가면 생각이 경직되는 소용돌이에 빠지게 된다. 그래서 흔히 생각할 수 있는 것도 떠올릴 수 없게 된다. 그래서 많은 사람들은 걱정과 불안 속에 있는 의식의 흐름을 차단하기 위해 가지고 있는 걱정과 관련 없는 다른 무언가에 집중하고 몰두하기도 한다. 과연 이와 같은 행동이 걱정과 불안을 잠재워 줄까?

심리학자 어니 제이 젤린스키의 『모르고 사는 즐거움』에서는 우리의 걱정 중 40%는 절대 일어나지 않을 일에 대한 걱정이라고 말한다. 30%는 이미 일어난 일에 대한 걱정이고, 22%는 아주 사소한 일들에 관한 걱정이며, 나머지 4%는 우리가 충분히 해결 가능한 일이다. 즉, 우리가 하는 걱정 중 96%는 쓸데없는 걱정이고 나머지 4%만이 우리의 힘으로 해결할 수 있는 사건이라고 전했다.

그의 말에 따르면 적당한 걱정은 미래를 준비하는 과정에서 좋은 효과를 가져다줄 수 있지만, 아무런 행동을 하지 않고 걱정이 꼬리에 꼬리를 무는 것은 쓸데없는 불안감만 증폭시킬 뿐 아무것도 나아질 것이 없다.

그럼 과연 쓸데없는 걱정을 하지 않을 방법이 있을까? 다행히도 미국 뉴욕의 엔지니어 윌리 카렐(Willie Carell)이 걱정과 불안을 1분 안에 해결하는 방법을 찾아냈다.

윌리 카렐은 뉴욕 버팔로의 한 철강회사 엔지니어였다. 카렐은 거래업체 공장에 자신의 회사 기계를 설치했는데, 그 기계는 회사가 보장하는 품질에 한참 미치지 못했다. 카렐은 걱정과 초조함이 엄습하기 시작했다.

그러던 중 카렐은 걱정만 해서는 어떠한 문제도 해결할 수 없다는 것을 깨닫고 생각의 전환을 한다. '이 문제가 나에게 가져다줄 최악의 상황은 무엇일까?' 생각했다. 그 결과는 고객의 컴플레인으로 자신이 해고당하는 것이었다. 그는 스스로에게 물었다. '만약 내가 여기서 해고된다면 어떻게 될까?' 답은 다른 회사로 충분히 이직할 수 있다는 결론이 나왔다.

당시에는 기계수리 엔지니어의 부족으로 카렐이 새로운 곳에 취업하기 좋은 상황이었다. 즉, 자신이 충분히 받아들일 수 있을 정도의 일이라는 것을 깨달은 것이다. 이런 생각의 전환 덕분에 카렐은 심리적으로 안정을 되찾고 차분해질 수 있었다.

그 후 몇 번의 테스트를 더 거치고 비용을 더 들여 설비를 보완했다. 문제는 잘 해결되었고 다행히 고객도 만족시켰다. 당연히 그는 회사에서도 해고되지 않았다. 이 일화를 통해 성공학의 대가 데일 카네기는 그의 저서『걱정을 멈추고 즐겁게 사는 법』에서 카렐의 경험을 이론화시키며 "카렐 공식"이라고 명명하였다.

걱정과 불안에서 벗어나는 3단계

현실을 직시하지 못하거나, 자신이 처한 현실이 위기인 줄 알면서도 높아진 자존심과 낮아진 자존감 때문에 걱정만 하고 아무엇도 하지 못하는 사람들이 있다. 일어나지도 않은 일에 걱정부터 앞서기 때문이다.

그런 이들에게 데일 카네기는 "카렐 공식"을 통해 문제 해결을 위한 방법을 명확하게 제시한다. 그리고 누구든지 세 단계만 거치면 쉽게 걱정과 불안에서 벗어날 수 있다고 말한다. 그 세 가지의 단계를 한 번 알아보자.

1단계: 두려움을 없애고 이성적으로 전체의 상황을 분석한다.

감정적으로 대응하면 이성적인 사고를 막으면서 걱정은 몇 배가 된다.

2단계: 발생 가능성이 있는 최악의 상황을 생각하고 과감하게 받아들인다.

그 후 차근차근 생각해 보면 내 생각보다 큰일이 아닐 수 있다. 혹여나 심각한 문제일지라도 빠르게 받아들일수록 빠르게 털어 낼 수 있다.

3단계: 상황을 벗어나기 위해 빠른 행동으로 옮긴다.

받아들인 최악의 상황의 문제 해결을 위해 적극적으로 행동한다. 걱정만 한다면 문제는 절대 해결될 수 없다. 지나친 걱정은 집중력을 흩트려 놓는다. 걱정을 멈추고 할 수 있는 것에 집중할 때 비로소 문제는 해결된다는 것이다.

카렐 공식의 대표적인 사례가 유튜브 〈김나윤의 윤너스TV〉의 김나윤 씨 사례이다. 그녀에게는 남들과 다른 특이점이 하나 있다.

헤어디자이너로 활동하고 있던 2018년 불의의 오토바이 사고로 왼팔을 잃게 된다. 하지만 닥친 상황을 빠르게 받아들이고 다시 일어서기 위해 정신적·육체적으로 최선을 다했다. 사고 후 부쩍 심해진 척추측만으로 무너진 몸의 균형을 맞추기 위해 재활 운동을 하려다, 그보다 더 난이도가 있는 피트니스에 과감히 입문하게 된다. 그렇게 입문하게 된 피트니스 대회에서 절단 장애인 최초로 WBC피트니스 대회에서 4관왕에 올랐다. 놀라운 것은 그 대회는 비장애인 대회였다는 점이다.

그녀는 의수를 굳이 착용하지 않는다고 한다. 한 방송에서 말하기를, 장애를 처음에는 받아들일 수 없었고, 비장애인처럼 보이고 싶어 의수를 착용했다고 한다. 하지만 생각해 보니 남의 시선으로 자신을 바라보고 있음을 깨달았다고 전했다. 그 후에는 의수를 착용하지 않고 있는 그대로 당당하게 다녔다고 한다.

그녀는 현재 유튜브 채널을 운영하고, 피트니스 대회에도 적극적으로 참가하고, 여러 방송에도 출연하며 선한 영향력을 펼치고 있다. 또한 재활운동 치료전문가의 꿈을 향해 달려가고 있다.

이성적인 판단, 좋지 않은 상황을 받아들일 수 있는 강인한 멘탈, 상황을 극복하기 위한 적극적 행동으로 많은 이들에게 귀감이 되고 있다. 만약에 김나윤 씨가 사고로 인한 걱정과 좌절 속에 계속 빠져 있었다면, 지금처럼 영향력 있고 멋진 삶이 가능했을까?

"병아리가 고민과 걱정으로 알을 깨는가? 끊임없이 두드리고 움직여야 한다." - 홍정욱, 『50 홍정욱 에세이』

생각해 보면 세상에서 제일 무서운 사람은 이제 더 이상 잃을 것도 없다고 말하는 사람이다. 우리도 마찬가지이다. 크고 작은 문제에 직면했을 때 최악의 상황을 생각하면 더 이상 잃을 것이 없다. 마음이 한결 편안해지며 자신이 할 수 있는 일에 몰두한다. 걱정과 불안으로부터 단 1분만 카렐 공식을 잘 활용하면 어떤 일에도 차분한 대응은 물론이며 단단한 멘탈까지 얻을 수 있다.

"아무것도 하지 않으면 아무 일도 일어나지 않는다."

    필자는 여기에 덧붙여, 아무것도 하지 않으면 아무 일도 일어나지 않을 뿐만 아니라 더 나아가 그만큼 나에게 오는 피해가 막대하다고 말하고 싶다. 문제가 있으면 반드시 해결책도 있기 마련이다. 우리는 어떠한 문제도 해결해 낼 수 있는 사람들이다. 걱정과 고민을 벗어나기 위한 자신의 생각과 행동을 믿는다면 말이다.

생각을 바꾸면
편안해진다

2019년 영화 〈기생충〉으로 오스카 4관왕을 차지한 봉준호 감독의 이야기이다. 봉 감독은 미국 영화 매체 벌쳐(vultrre)와의 인터뷰에서 "한국 영화가 지난 20년간 영화계에 큰 영향을 끼쳤음에도 오스카상에 입후보되지 않은 이유가 무엇인가?"라는 기자의 질문에 이같이 답했다.

"확실히 한국 영화가 오스카상에 입후보되지 않은 것은 이상하지만, 그렇게 큰 문제는 아니다. 오스카상은 국제적인 영화 축제가 아니다. 그저 지역 축제일 뿐이다."

모두를 놀라게 하는 발언이었다. 오스카상의 권위를 지역 축제 정도로 만든 봉준호 감독의 발언에 초강대국의 자부심을 가진 미국 전역은 신선한 충격에 빠졌다. 많은 이들에게는 꿈의 무대이지만, 누군가에게는 그저 지역 축제일 수 있다. 이처럼 바라보는 관점에 따라 세상은 달라진다. 봉준호 감독의 발언에 미국이 충격에 빠진 것은 오스카상이 권위 있는 영화 축제라는 색안경을 끼고 최고의 영화제라는 고정관념을 가지고 바라봤기 때문이다.

'물이 절반밖에 없네?'라고 생각하는 사람이 있고 '물이 절반이나 있네?'라고 생각하는 사람들이 있다. 개개인마다 살아온 환경과 경험이 다르기 때문에 자신만의 프레임을 가지고 세상을 바라본다. 그러다 보면 그 프레임 속에서 일상이 내 마음과 다르게 뒤죽박죽 꼬이기도 한다.

우리는 일이 꼬일 때마다 "긍정적으로 생각하라"는 조언을 많이 듣는다. 그런데 일이 꼬여서 화가 치밀어 오르는 상태에서, 어떻게 긍정적으로 생각하란 말인가? 저 말을 들으니 오히려 더 화가 나는 것만 같다.

나는 무한 긍정을 좋아하지 않는다. 정확하게는 나쁜 습관을 반복하면서 '이 정도쯤이야 괜찮겠지.', '나름 최선을 다했으니까 만족해.', '현재 상황이 안 좋지만 곧 좋아질 거야!'와 같이 아주 막연한 자기 합리화적 긍정 말이다. 이런 긍정은 독이다.

그럼 계속 자책해야 하느냐? 그것도 아니다. 앞서 문제가 있으면 해결책은 반드시 있다고 언급한 바 있다. 그 해결책이 바로 리프레이밍(Reframing)으로 생각을 바꾸는 것이다.

프레임이란 고정관념처럼 우리의 뇌리에 박혀 있는 생각의 틀을 의미한다. 리프레이밍은 그런 틀을 바꾸고 재해석하며 자신이 가진 고정관념을 깨고 여러 가지 방향성을 제시한다. 심리학에서는 이를 '물구나무서기 방법'이라고도 한다.

예를 들어 A씨는 '운동을 하면 힘들다'고 생각한다. A씨의 경우 운동은 힘든 것이라는 부정적 인식이 깔려 있다. 부정적 생각은 부정적 행동으로 이어지며 운동을 하지 않을 가능성이 높다. 그런 A씨의 생각을 리프레이밍해 보면 '운동을 하면 하루가 활기차고 건강해진다'로 바꿀 수 있다. 생각 하나만 바꿔도 긍정적인 행동으로 이어질 수 있는 것이다.

일례로 오티스 엘리베이터가 초기에 납품한 엘리베이터는 속도가 너무 느리다는 고객들의 불만이 많이 접수되었다. 그리하여 기술진들은 모터를 바꿔 보는 등 속도의 문제를 해결하려 애를 썼으나 고객들의 불만은 끊이지 않았다.

그러자 한 직원이 "엘리베이터에 전신 거울을 달아 놓는 게 어떨까요?"라고 제안을 하게 된다. 그 직원은 속도의 문제가 아닐 수도 있겠다고 생각한 것이다. 회사는 이 참신한 제안을 받아들이게 되었다. 아니나 다를까, 그 후로 엘리베이터가 느리다는 고객의 불만이 더 이상 접수되지 않았다.

컴플레인의 진짜 원인은 느린 속도가 아니라 '지루함'이었다. 거울에 비친 자신을 보고 옷 정리도 하고 외모 점검도 하며 지루함을 달랬던 것이다. 느린 속도의 대응책이 거울이 될 수 있었던 것은 속도 문제에 대한 프레임을 깨고 새로운 방향으로 문제를 생각했기에 가능한 일이었다.

리프레이밍은 생각을 바꾸는 기술이다. 중요한 것은 내가 바꿀 수 있는 것과 바꿀 수 없는 것을 구별할 수 있어야 한다는 것이다. 바꿀 수 있는 것은 내가 가진 생각, 감정, 습관 등이 있고 바꿀 수 없는 것은 쌓아 온 경험, 이미 받은 평가 정도 되겠다.

바꿀 수 있는 부분을 긍정적인 측면으로 바꿔 보면 꼬여 있던 실타래가 풀리는 느낌을 받을 수 있을 것이다. 그렇다면 우리가 흔히들 가지고 있는 '나'의 프레임에는 어떤 것들이 있으며, 어떻게 리프레이밍하면 좋을지 간단한 예시로 알아보자.

◀ 나는 오늘도 성공을 준비한다

- 나는 소심한 사람이다. → 나는 신중한 사람이며 겸손한 사람이다.
- 나는 차가운 사람이다. → 나는 냉철한 사람이라서 판단력이 정확하다.
- 나는 리더십이 없다. → 리더를 빛나게 서포트하는 팔로워(follower) 역할을 잘할 수 있다.
- 나는 실패가 많았다. → 남들보다 배울 기회가 많았고, 그만큼 경험이 쌓였다.
- 나는 까다롭다. → 내가 무엇을 좋아하고 싫어하는지 정확하게 알고 있다.
- 나는 인색하다. → 계획적이고 계산적이지만 적어도 남에게 피해는 안 준다.
- 이 업무는 나와 맞지 않아 → 나에게 부족한 기술과 지식을 배울 기회야.
- 우리 부서 분위기 엉망이야. → 나부터 밝게 인사해 보자.

때는 2015년, 이름만 대면 다 알 만한 대기업 면접을 보게 되었을 때 가장 기억에 남는 이야기이다. 긴장이 감돌고 적막한 면접 분위기 속에 면접관이 "여러분들은 리더십이 있나요?"라고 질문했다. 나를 포함한 3명의 면접자들은 마치 교과서처럼 자신에게 리더십이 있다는 것을 강조했다.

그도 당연한 것이 학창 시절 교장 선생님의 훈화 말씀을 들을 때부터 "여러분들은 글로벌 리더로 성장해야 됩니다!"라고 귀에 못이 박히듯 들어온 것도 사실이고, 기업 입장에서도 리더십을 가진 인재를 원한다는 고정관념이 박혀 있었기 때문이다. 그러나 그중 단 한 명만이 다른 대답을 했다.

"저는 리더십이 없습니다. 하지만 리더를 잘 따라 저의 역할을 묵묵히 잘 수행하며, 제가 따르는 리더를 빛나게 할 자신은 있습니다."

면접관은 물론 면접자들까지 깜짝 놀라게 하는 답변이었다. 박수를 치며 엄지를 치켜세우는 면접관도 있었다. 이처럼 단점이 될 수 있는 것도 리프레이밍을 잘 활용하면 최고의 장점으로 만들 수 있다는 것을 잘 보여 주고 있다.

세상 모든 일은 나를 위해 일어난다고 생각한다. 안 좋은 일이 일어났다고 해서 자책할 필요가 없다. 긍정적으로 사고하려는 노력만이 문제를 해결할 수 있다는 것을 깨달았기 때문이다.

과거 허리가 아파서 병원에 간 이후로 일상의 활력을 불어넣어 주는 헬스라는 취미가 생겼고, 오히려 더 건강한 신체를 갖게 되었다. 일하던 중 불의의 사고로 휴직하는 동안 책을 집필할 기회가 생겼고, 적극적으로 육아에 참여하게 되며 아이와 친밀감을 쌓았다. 친밀한 관계라고 믿었던 사람의 날카로운 비난에 타인에게 기대는 삶으로부터 해방될 수 있었다.

만약에 허리가 아프기 전, 사고를 당하기 전, 타인에게 상처받기 전으로 돌아가고 싶으냐고 물으면 나는 돌아가고 싶지 않다고 말할 수 있다. 이런 일들을 겪으며 안 좋은 일이라 여겼던 것들이 사실은 진짜 안 좋은 일이 아닐지도 모른다는 것을 배웠기 때문이다.

리프레이밍은 우리가 앞으로 성장할 때의 부정적 성장통을 긍정적으로 바꾸어 주는 큰 역할을 하며 내 인생을 계속 좋은 방향으로 변화시키고 끌고 나갈 수 있도록 도와줄 것이다.

Chapter 7

의심해 봐야 할
성공에 대한 믿음

Flex 대신
Relax

몇 년 전, 너도나도 YOLO(You Only Live Once)를 외치며 현재의 행복을 위해 소비하는 라이프 스타일이 유행하던 시기가 있었다. 이들을 '욜로족'이라 불렀고 욜로족은 미래에 대한 대비보다 지금 당장의 행복에 충실할 수 있는 취미 생활, 여행, 쇼핑, 자기계발에 아낌없이 돈을 소비했다.

그러나 문제는 의미를 잘못 받아들이고 미래를 포기하고 그저 과소비나 낭비만을 한 욜로족이었다. 솔직히 이 시기에는 방송사나 여러 기업에서도 2030세대를 타깃으로 욜로를 예쁘게 포장해 마케팅하며 의미를 많이 희석시킨 것도 사실이다. 그렇게 과소비로 하루하루 즐기던 이들은 결국 You Only Live Once가 아닌 I Only Live Today가 되었고, 결국 현실의 벽에 부딪힌 욜로족들은 하나둘 사라져 갔다.

'욜로 좋다 골로 간다'라는 말을 몸소 배운 것이다. 욜로의 진짜 의미는 인생은 한 번뿐이니 현실에 충실하라는 말이지, 미래를 포기하고 오늘만 즐기라는 것이 절대 아니다. 욜로가 시들시들해지고 욜로족들도 하나둘 사라져 간 요즘은 어떨까? 과연 진짜 사라졌을까?

#나에게 주는 선물 #탕진잼 #FLEX #명품
#언박싱 #주황박스 #내돈내산 #오마카세

어디서 많이 보던 해시태그 아닌가? 어느새 자랑 한마당으로 우리 일상에 자리 잡은 SNS의 흔한 해시태그이다. 사치품을 구매한 순간의 짜릿함과 SNS 자랑질의 대가는 12개월간 매달 갚아 나가야 하는 할부금 걱정과 정작 써야 할 돈은 아끼고 있는 미래의 자신과의 만남을 기다리고 있을 뿐이다.

그리고 이 모든 걱정은 남들이 알면 안 되기 때문에 철저히 비밀로 유지해야 한다는 함정도 있다. 생각해 보면 참 허망하지 않을 수 없다. 자랑과 과시를 위한 사치품 구매는 잠시 아름다웠다가 금방 사라지고 마는 밤하늘의 불꽃놀이와 같다. 아름다움의 뒤처리는 우리의 몫이기 때문이다.

FLEX를 하는 세 가지 이유

그렇다면 왜 2030세대는 이렇게 FLEX를 하는 걸까? 이유로는 여러 가지가 있겠지만, 그중 가장 중요한 세 가지를 꼽아 보자.

1. 친구, 주변 지인 등 나이가 비슷한 집단의 영향. 그들도 가지고 있으니 굳이 필요 없지만 나도 하나쯤은 있어야 할 것만 같은 심리이다.
2. 명품을 가짐으로써 자신이 더 가치 있는 사람이라고 착각한다.
3. 사회적인 문제로 인해 미래에 대한 불확신이 생겨 미래를 접어 두고 현재를 즐긴다는 마음이다.

특히 세 번째 유형이 그 위험하다는 카푸어가 될 확률이 높다. 카푸어는 이미 많이 알려져 있어 설명은 따로 하지 않겠지만 자신의 벌어들이는 거의 모든 돈을 캐피탈 이자와 원금, 자동차 유지비로 쓰며 인생 나락의 지름길로 향하는 '인지부조화(잘못된 선택인 줄 알면서도 되돌리지 못하고 합리화하는 것)'를 이룬다.

물론 금전적으로 풍족한 사람이라면 전혀 문제 될 것 없이 여유가 되는 대로 누리면 그만이지만, 본인이 평범한 직장인이거나 학생이라면 멀리 보고 깊게 생각해 볼 문제이다.

오히려 진짜 부자들은 과시하지 않음으로써 과시한다. 그들의 일상을 엿보면 보여 주기식 소비를 지향하지 않는다는 것을 알 수 있다.

> "이 물건이 과연 새로운 가치나
> 새로운 부를 만들어 낼 수 있는 소비일까?"

그들은 오히려 명품을 파는 기업의 주식이나, 명품을 하나 구입하더라도 해를 거듭할수록 가격이 올라가는 명품에 더 관심을 가진다. 자신의 가치를 더하는 것은 명품이 아닌 자신의 경험과 안목이라 생각하기 때문이다.

미국의 명품시장 조사기관인 럭셔리 인스티튜트가 2013년 500만 달러 이상의 부자들을 대상으로 명품 구매에 대한 조사를 진행했다. 그 결과 80% 이상이 귀금속이나 명품을 중요시하지 않았다. 또한 명품에 돈을 더 쓸 생각이라는 대답은 단 4%에 불과했다.

나도 마찬가지로 명품을 사고 탕진을 즐기는 시기가 있었다. 우리 집은 경제적으로 평범한 형편이었지만 부모님께서는 검소하셨다. 학생 때는 몰랐지만 지금 생각하면 돈을 잘 쓰는 방법을 정확히 알고 계셨던 분들이었다.

그런 집안 환경 탓에 나의 10대 때 거의 교복이라 불리던 노스페이스 패딩도 한번 입어 보지 못했다. 40만 원에서 비싼 제품은 100만 원을 호가했으니 어떻게 보면 그 나이에 입기에는 무리가 있었던 것 같기도 하다. 어린 마음에 부모님을 조금 원망하기도 했지만, 꼭 좋은 곳에 취업해서 돈 많이 벌어 좋은 옷을 많이 사겠다고 스스로 다짐했다.

그리고 세월이 지나 마침내 때가 되었다. 취업을 하고 월급이 매달 통장으로 들어오기 시작했고, 악마의 속삭임과 함께 마침내 숨어 있던 과시욕에 시동이 걸리며 그 출발을 알렸다. 어울리지도 않는 지퍼에 빨간 태그가 있는 페인팅 청바지와 고가의 시계, 명품 클러치백과 신발 모든 것을 사고 남들이 다가는 필수 인기 여행지를 파도에 몸을 맡기듯 의무적으로 시간을 내서 자주 다녔다.

면세 쇼핑과 해외 휴양지에서의 좋은 호텔은 자랑을 위한 필수 요소이기도 했다. 특별한 의미를 부여하지 않고 남들에 휩쓸려 간 여행지는 사실 잘 기억도 나지 않지만, 그 순간만큼은 마치 내가 백만장자가 된 느낌이 들기도 했고, 그렇게 하면 내가 자유롭게 인생을 즐기며 멋지게 사는 사람으로 보일 줄 알았다.

이렇듯 탕진의 순간은 늘 행복했고 자존감이 올라가는 느낌이었다. 그러나 탕진 이후에는 항상 카드 할부금에 스트레스를 받으며 신용카드 때문에 일을 하고 있는 돈의 노예 같은 내 모습을 발견했다.

거기에 더해 시간이 지남에 따라 명품은 더 이상 사치품이 아닌 너도 나도 가지고 있는 기본품이 되었다는 느낌도 들었다. 그때부터 사치와 플렉스를 접어 두는 대신, 미래에 나를 성공으로 이끌어 줄 자기계발에 투자하고 합리적인 소비와 경제적인 능력을 키우기 위해서 노력했다.

값비싼 물건 구매 시 생각 포인트

현재 필자가 값비싼 물건을 구매할 때 항상 생각하는 세 가지 포인트가 있다.

1. 할부 구매로 인해 다가올 미래, 나의 마음에 불편을 가져다 주지는 않을까?
2. 아니면 진짜 삶의 질을 높일 수 있고 유용한가?

3. 가지고 있는 것 중 이 물건을 대체할 만한 물건이 혹시 나
에게 없는가?

이 책을 보고 있는 당신에게도 이 방법을 적극 추천한다. 소비 패턴에 많은 변화가 올 것임을 확신한다. 무조건 아껴 쓰고, 먹고 싶은 거 안 먹고 궁상맞게 살자는 소리가 아니다. 그저 자신의 경제적인 능력에 맞춰 밸런스 있는 삶을 살아가고, 충동구매나 과시욕으로 괜히 본인 마음만 불편해지는 소비만은 피하자는 뜻이다. 플렉스를 자제하면 릴렉스가 온다.

내면의 아름다움 추구?
NO!

"나는 사람 외적으로 판단하지 않아."
"사람은 내면이 아름다워야지."
"나는 외모 절대 안 봐."

좋은 의견이다. 다만 정답이 아닌 그저 개인적인 의견이다. 그런 의미에서 나의 의견은 조금 다르다. 겉모습으로 사람 판단하지 마라는 말은 이제 옛말이 되었다. 실제로 매력적인 외형만으로도 한 사람이 하는 말이 가지는 영향력은 그러지 못한 사람보다 월등하다.

미국 밴터빌트 대학교 심리학 교수 빅맨 박사는 공중전화 반환구에 미리 동전을 넣어 두고 한 참가자에게는 깔끔한 정장 차림을 착용하게 하고, 다른 참가자에게는 허름한 옷을 착용하게 하였다. 그 후 참가자들은 공중전화 부스에서 약간 떨어져 관찰을 하다가 사람들이 통화를 끝내고 미리 넣어 둔 동전을 자기 주머니에 넣으면 다가가 말했다. "제 동전이 거기 있었을 텐데 혹시 못 보셨습니까?"

이렇게 200명의 사람들을 테스트한 결과 정장 차림의 실험 참가자에게 동전을 돌려주는 경우가, 허름한 옷을 입은 실험 참가자에게 동전을 돌려주는 경우보다 두 배 이상 많았다. 겉모습의 중요성을 알게 해 주는 실험이다.

관리가 잘된 외적인 조건만으로도 자기 관리에 정성을 쏟고 부지런하다는 짐작을 할 수 있다. 내면에서 나오는 단단함이 외적으로 타인에게 비춰지는 것이다.

비즈니스를 위한 중요한 미팅을 나가거나, 소개팅을 나갔을 때, 상대가 구부정한 자세, 삐져나온 코털, 화가 난 듯한 표정, 목이 다 늘어난 티셔츠를 입고 나왔다면 과연 그 사람과 함께하고 싶을까? 외모 관리는 세상에 함께 살아가는 타인을 위한 매너이기도 하다.

조금만 솔직해져 보자. 정말로 외모로 사람을 판단한 적이 한 번도 없는가? 그리고 과연 자신이 앞으로 해나가야 할 사소한 모임부터 시작해서 사업, 취업, 연애, 결혼 등 모든 부분에서 외모 관리가 전혀 필요 없을까?

우리는 살면서 사람은 첫인상이 중요하다는 말을 수없이 들어왔다. 첫인상에 가장 큰 영향을 주는 요소가 바로 외모이다. 그 이유는 외적인 모습이 사람을 파악하는 첫 번째 단계이자 중요한 단서가 되기 때문이다. 그리고 첫 대면할 때의 모습이 타인의 기억에 큰 영향을 끼친다.

이를 심리학 용어로 "초두효과"라고 한다. 내면의 아름다운 매력을 어필하는 것은 타인과의 어느 정도 시간을 보낸 다음에 타인이 나를 어느 정도 파악했을 때의 이야기이다. 그렇기에 외모 관리의 중요성은 내면의 아름다움보다 앞서 생각해야 할 사항이다.

좋아하는 연예인을 친구에게 소개할 때, 당신은 어떻게 설명할까? A, B 중 어떤 부분을 먼저 설명할지 스스로 답해 보자.

A: 그 사람 몰라? 콧대 높고, 키 좀 크고, 쌍꺼풀 없고, 약간 반곱슬머리 말이야.

B: 그 사람 몰라? 내면이 아름답고, 배려심 깊고, 항상 긍정

적인 사람 말이야.

답은 99% 같을 것이라 확신한다.

외모 관리의 중요성은 비단 첫인상 때문만은 절대 아니다. 핵심은 자아존중감의 형성이다. 자아존중감이 높을수록 심리적으로 안정되고 자신감이 생긴다. 그로 인한 좋은 대인관계형성과 업무 성취도의 향상 등 긍정의 연쇄 반응이 일어난다. 솔직히 사회 경쟁력 확보에 유리한 것도 사실이다.

한번 상상해 보자. 자고 일어나서 거울을 봤더니 내가 평소 꿈꿔 왔던 영화배우 공유 또는 IVE 장원영이 되어 있다면 나에게 당장 어떤 변화가 일어날까? 일단 일상생활의 행동, 태도에서부터 자신감이 생겨날 것이다. 그리고 타인으로부터 이전보다 더 호의적인 반응도 얻을 수 있다. 또한 나를 시기하는 사람은 있어도 무시하는 사람은 없을 것이다. 상상만으로도 기분이 좋아진다.

하지만 안타깝게도 그런 일은 절대 일어나지 않는다. 그렇다고 우리가 가진 외모를 인위적으로 성형수술을 하거나 이번생의 외모는 포기하자는 말이 아니다. 조금 특이한 외모를 가졌을지라도, 팔다리가 짧고 키가 작더라도 우리는 충분히 이전보다 더 매력적인 사람으로 다시 태어나 자신감을 가지고 긍정의 에너지를 뿜어낼 수 있다.

나는 유행에 민감한 스타일리시하고 힙한 스타일 추구하는 사람과는 거리가 멀다. 힙한 종류의 옷들을 입어 보는 시도는 해 봤지만 나에게는 너무 어색하게만 느껴졌다. 그래서 평상복이건 운동복이건 정사이즈에 깔끔함을 추구하는 편이다. 헤어 스타일도 항상 단정하게 정리한다.

그래서 소위, 옷을 잘 입는 사람처럼 어떤 스타일로 꾸며 보라는 식의 솔루션은 주지 못해 안타깝게 생각한다. 그러나 나를 지금보다 더 매력적인 사람으로 만들어 줄 수 있는 필수적으로 관리해야 될 것들을 간단히 소개해 보려고 한다.

누구나 할 수 있는 외모 필수 관리 요소 TOP 7

1. 운동

왜소한 사람이건 뚱뚱한 사람이건 몸짱이 아니더라도 정상 범주로 몸을 만들어야 한다. 외모 관리의 시작은 운동이라 해도 과언이 아니다. 주변의 헬스장도 넘쳐나고, 유튜브에 홈 트레이닝 운동 영상도 넘쳐난다. 운동을 못한다는 것은 핑계일 뿐이다. 하루에 20분 홈 트레이닝이라도 도전해 보자. 반드시 변하게 되어 있다. 조물주가 그렇게 설계해 뒀다.

2. 헤어스타일

정리되지 않은 덥수룩한 장발의 머리는 자존감 없는 사람의 요건 중 하나라고 생각한다. 헤어스타일을 어떻게 해야 할지 모르겠다면 미용실에 가서 전문가의 상담을 받아 보고 깔끔하게 정리해 보자. 헤어스타일만 잘 관리해도 충분히 매력적인 사람이 될 수 있다.

3. 면도

수염을 영화배우나 외국 모델처럼 누가 봐도 멋있고 깔끔하게 혹은 개성 있게 관리하지 않을 거라면, 싹 밀어 버리자. 거뭇거뭇 관리되지 않은 수염은 좋은 인상을 주기 어렵다. 그리고 코털의 주기적 관리도 필수 중의 필수이다.

4. 눈썹 관리

미용실에 방문했을 때, 꼭 눈썹 정리를 한번 해 달라고 요청하자. 눈썹 관리 하나만으로도 인상이 달라진다. 특히, 산신령처럼 길게 나 있는 눈썹이라면 더더욱 관리하자.

5. 옷(스타일)

옷은 의사소통을 위한 강력한 수단이다. 또한 사람을 바꾸는 힘을 가졌다. 필자와 같이 옷에 대해 잘 모른다면 인터넷 쇼핑 대신 직접 매장에 방문해서 입어 보고 점원의 의견도 들어 보며 제대로 된 옷을 구입해야 한다. 또 검색으로 스타일 벤치마킹한 후에 비슷한 옷을 구입하는 것도 좋은 방법이다. 그러나 타인의 시선을 의식해 무리하게 명품을 사거나 과도한 액세서리로 치장하는 것은 피하라고 이야기하고 싶다.

6. 바른 자세

구부정한 자세 대신 턱을 당기고, 가슴을 펴고, 허리를 펴야 한다. 자세에서 나오는 자신감의 크기를 무시해선 안 된다. 평소 굽어 있는 토끼의 자태와 위풍당당 호랑이의 자태를 비교해 보면 어떤 의미인지 이해할 것이라 생각한다.

7. 표정 관리

기본 표정이 화가 난 듯이 찡그리고 있는 사람도 있고, 눈에 힘이 없이 흐리멍덩한 사람도 있다. 매일 거울을 보며 웃음을 머금은 선한 표정과 총기 있는 눈빛으로 바꾸려는 연습이 필요하다. 인간관계의 많은 것들이 바뀔 수 있다.

외모 관리는 기본적으로 자기애, 자아존중감을 최우선으로 한다. 내가 나를 막 대하며 사랑하고 아끼지 못하는데 타인이 나를 좋아할 수는 없다. 또한 스스로를 먼저 존중하고 사랑할 수 있어야 타인을 존중하고 사랑할 수 있는 힘이 생기게 마련이다.

그리고 한 가지 더, 깔끔한 외모에 매력을 더해 주는 것이 바로 언어이다. 언어는 사람의 생각과 마음가짐을 담는 그릇이다. 외적 아름다움 못지않게 내적 아름다움을 발산하길 원한다면 언어의 그릇도 잘 다듬어져야 할 것이다.

한마디를 하더라도 품격 있는 언어, 즉 상대를 배려하고, 상대의 마음을 헤아리는 언어 사용이 필요하다. 매력적인 사람으로 거듭나기 위해 내적·외적 노력이 함께한다면 우리는 예상하지 못한 많은 기회를 얻을 수 있지 않을까.

'금맥'
따위는 없다

직장 생활 1년차, 그는 직장 동료는 물론 친구, 지인에게 최선을 다했다. 나보다는 항상 타인을 생각하며 신입사원 연수 때부터 주변에 좋은 이미지를 남기기 위해서 봉사하고 온갖 궂은 일들을 도맡아 했다. 그리고 부서 배정을 받았을 때도 누가 시키지 않아도 누구보다 일찍 출근해서 주변 정리를 하며 부서의 업무 환경을 상쾌하게 만들어 놓았다. 직장 동료부터 작은 사람 한 명까지 다 챙기는 일등 사원이었다. 그뿐만 아니라 자신의 대학 동창들, 친구들까지 몸이 열 개라도 모자랄 정도로 모두 챙겼다.

하지만 직장 생활 5년차, 그는 인간관계에 대한 회의감을 느끼기 시작했다. 자신이 힘들고 지쳐 누군가에게 의지하고 싶을 때 주변 동료, 친구들은 선뜻 그를 도우려 하지 않았다. 여러 핑계를 대며 거절을 했다. 그들은 자신이 우선시하는 가치에 먼저 시간과 노력을 쓰고 있었다는 것이다.

그리고 상사로부터의 좋은 관계 속에서 철저히 이용당하고 있다는 생각이 들었다. 사람의 관계로 다가섰지만 이해의 관계로 묶인 사회생활은 기존의 그의 생각과는 확연히 달랐다. 그러면서 자신이 타인에 의존하고 싶어 한다는 것을 깨달았다.

결론부터 말하자면, 모든 사람과 잘 지낼 필요는 없다. 모든 사람과 친밀한 관계를 유지해야겠다고 생각할 필요도 없고, 내가 누군가에게 중요한 사람이 되어야 한다고 생각하지 않아도 된다. 그 대상이 직장 동료든 친구 관계든 마찬가지이다.

요즘 가스라이팅을 당했다는 소식을 주변 혹은 뉴스에서 심심치 않게 듣고 볼 수 있다. 가스라이팅을 하는 사람이 가장 큰 문제이긴 하지만, 가스라이팅을 당하는 것은 대부분 관계로부터의 의존이 있기 때문이라 생각한다. 그렇다고 인간관계를 과감하게 다 끊어 버리자는 것은 아니다.

인맥은 넓을수록 좋다. 많은 사람들과의 관계 속에서 내가 경험해 보지 못한 것을 대화를 통해 간접경험을 하기도 하고, 나와 비슷한 상황에 처한 친구가 있다면 때로는 즐거운 시간을 보내기도 하고 서로의 아픔을 위로하며 문제에 대한 해법을 함께 찾을 수도 있다. 하지만 오로지 나를 위해 희생해 주는 '금맥'은 없다.

SNS를 보다 우연히 "나만 잘되게 해 주세요. 꼭 나만 Only me just me"라는 글을 보았다. 필체로 보아 어린이가 쓴 듯했다. 귀엽게 웃어넘길 만한 글이지만, 그저 웃을 수만은 없었다. 이유는 우리 인간의 본모습을 가장 순수하고도 직관적으로 표현했기 때문이다.

나 대신 남이 성공했으면 좋겠다고 생각하는 사람이 부모를 제외하고 이 세상에 있을까? 인정하기 싫지만 인간은 원래 자기 보호를 최우선시하는 이기적인 동물이다. 이기적인 성향으로부터 서로를 보호하기 위해 법이 존재하고, 윤리가 존재한다.

이를 뒷받침하는 한 가지 예로 영유아용 카시트 설치 위치 권고 사항을 보면 알 수 있다. 카시트 설치는 안전상의 이유로 운전자의 뒷좌석에 설치할 것을 권유하고 있다. 그 이유는 무엇일까?

사고 발생 시 운전자는 순간 본능적으로 반대 좌석을 신경 쓰지 않고 자신에게 유리한 쪽으로 핸들을 돌린다. 모성애·부성

애도 강력한 본능이지만 '자기보호 본능'이 그보다 더 강력하기 때문이다. 이렇게 모성애·부성애보다 강력한 자기 보호 본능이 있는 인간인데, 타인에게 나를 온전히 기대고 인간관계에 과도하게 집착하는 것은 타인이 아닌 본인에게 문제가 있다는 뜻이다.

인간관계의 과잉은 과도한 사교 모임, 직장 내 모임, 동창회 등에서 얽히고설키며 비롯된다. 하지만 비단 오프라인 사회생활에만 국한되어 있는 것이 아니다. 요즘은 스마트폰을 통해 모든 정보를 얻을 수 있고, 언제 어디서나 손쉽게 인맥을 넓히며 자유롭게 소통한다. 또한 작은 화면 안에서 감성을 자극받기도 한다. 이는 현시대에 있어 하나의 사교문화이다. 하지만 분명 부작용도 존재한다. 『모두에게 좋은 사람일 수 없다』의 저자 가오위안은 SNS에 대해 이같이 진단한다.

"SNS에 대한 집착은 불안에 공허와 무료가 더해진 결과이며, 목표가 없는 사람일수록 넘는 시간과 에너지를 인간관계에 집중한다."

만나 본 적도 없는 타인의 일상에 관심을 기울여야 하고, 그들에게 나의 일상을 공유해야 한다는 강박을 보이며 많은 에너지를 집중하기도 한다. 과연 이것이 나를 위한 것인지, 왜 이렇게까지 하고 있는지, 이로 인해 행복한지, 혹시 타인의 시선이나 평가를 신경 쓰고 있는 것은 아닌지 한 번쯤 생각해 볼 일이다.

지금 본인 휴대폰의 카카오톡과 SNS에 등록된 친구가 몇 명인지 살펴보자. 과연 그곳에 연결되어 있는 수많은 계정 혹은 지인들 중 진짜 편안한 사람, 소중한 사람, 서로에게 시너지가 되는 사람과 불편하게 감정 소비를 하고 있거나, 1년 이상 연락하지 않은 사람이 각각 몇 명이나 되는가? 아마도 그 수가 전자보다 후자가 많을 확률이 높다.

자신과 진짜 소중한 사람들에게 좀 더 집중하기 위해서 그리고 남들은 알아주지도 않는 인간관계의 허무함을 느끼지 않기 위해서라도 모임의 최소화, 휴대폰에 저장된 친구 관리, SNS의 계정 관리 등 '인맥 다이어트'는 꼭 필요하다. 그것이 어렵다면 타인에게 적당한 거리를 유지하며 느슨한 관계를 추구해 보는 것도 좋다. 불필요하고 불편한 인간관계를 정리할 때, 무분별한 알람이 울리지 않을 때, 비로소 나를 돌아볼 시간도 생긴다.

솔직히 쓸데없는 술자리와 나와 성격, 성향이 맞지 않는 직장동료, 친구 또는 지인들과 어울리며 시간을 허비하는 경우가 많다. 이는 타인에게 맞추려고 낭비한 시간들이다. 우리가 불편하면서도 저런 자리에 참석하는 것은 남을 의식해서 거절하는 것을 힘들게 여기기 때문이다.

우리가 돈을 벌고, 사람을 만나고, 성공을 하고 싶은 궁극적인 목적은 결국 행복하기 위함이다. 하지만 저런 시간들은 결코 나에게 행복한 시간들이 아니다. 거절한다고 해도 생각보다 미움을 받지 않고, 인간관계가 무너지지도 않는다. 설령 타인이 조금 서운해하더라도 일시적인 경우가 많다.

단호하고도 부드럽게 거절하는 기술

나의 현재 상황과 마음의 상태를 먼저 생각하고 거절할 줄 알아야 한다. 정확하게는 '단호하고도 부드럽게 거절하는 기술'을 익혀야 한다.

1. 단호하게 그 자리에서 거절하는 것

자신이 이미 정해진 약속 혹은 해야 할 일이 있는 상태에서 상대적으로 중요치 않은 제안이 올 경우, 또는 지인이 돈을 빌려 달라고 요구하는 경우가 우리의 일상에서 가장 흔히 볼 수 있다. "상황 보고 다시 말씀드릴게요.", "생각 좀 해 보겠습니다.”와 같이 망설이는 듯한 태도와 여지를 주게 되면 상대방으로 하여금 제안 사항을 조금만 수정하면 받아들일 수도 있겠다는 기대감을 가지게 한다. 오히려 거절당하는 입장에서 기분이 더 상할 수 있다. 방어적인 모호한 답보다는 잠시 생각을 하더라도 그 자리에서 정중하게 거절하는 것이 타인과 나를 위해 더 좋은 방법이다.

2. 예의 있게 거절하는 방법

직장 생활 중 혹은 비즈니스 관계에서 나에게는 조금 과도한 업무나 제안을 하는 경우가 있다. 참 난감하기 그지없고 거절 후의 후폭풍이 걱정되긴 하지만 도무지 여력이 되지 않는다면 자신의 상태를 파악한 후에 “싫습니다.”, “못합니다.” 대신에 “저를 인정해 주셔서 감사합니다. ~제안을 해 주셔서 감사합니다. 하지만 현재 저의 상황이 여의치가 않습니다.”라고 표현하는 것이 좋으며, 구체적인 이유까지 설명해 준다면 좀 더 유하게 상황을 넘어갈 수 있다. 무리하게 진행하다 일을 크게 그르치는 것보다 낫다.

3. ‘사람’과 ‘사안’을 분리해서 거절하는 방법

사실 거절하기 가장 힘든 것이 친밀한 관계이다. 그만큼 서로에게 힘이 되는 존재들이기 때문이다. 이 방법은 친밀한 관계에서 활용하면 좋은 방법이다. 친밀할 경우 단호한 거절은 자칫 오해를 불러일으키기 쉽다. 이때 타인의 상황에 대해 경청하고 공감하는 태도를 보이고 이후에 해당 '사안'에 대해서만 거절 의사를 표한다. 마찬가지로 구체적인 이유를 설명해 주는 것이 좋다.

> *"지킬 수 없는 약속보다*
> *당장의 거절이 낫다."* – 덴마크 속담

타인을 존중하고 매너 있게 행동하는 것과 타인에게 의존하고 끌려다니는 것은 근본적으로 다르다. 그것은 바보 같은 행동이다. 거절을 못하는 것은 당신의 심성이 착해서가 아니다. 차가운 사람이라 비춰질 수 있겠지만, 그것을 받아들일 용기가 있어야 내 삶을 살 수 있다. 그리고 타인이 나의 제안을 거절한다고 해도 서운해하지 말자. 그 사람도 자신을 챙기는 중이니 존중하는 마음가짐을 가져 보자.

인생은 지·덕·체?
NO! 체·지·덕

우리는 흔히 지·덕·체를 겸비하면 멋진 인생이라고 정의하고 있다. 물론 순서에 의미를 두고 만들어진 것은 아니지만, 필자는 멋진 인생은 체·지·덕이라 말하고 싶다. 체력을 기르고 운동을 하는 것은 흔히 알려져 있는 외적인 아름다움, 스트레스 관리, 면역력을 증진만을 위해서는 아니다.

"인생에 이루고 싶은 게 있거든, 평생 해야 할 일이라고 생각되거든 체력을 먼저 길러라. 게으름, 나태, 권태, 짜증, 우울, 분노 모두 체력이 버티지 못해, 정신이 몸의 지배를 받아 나타나는 증상이야. 네가 후반에 종종 무너지는 이유, 데미지를 잃은 후 회복이 더딘 이유, 실수한 후 복귀가 더딘 이유, 모두 체력의 한계 때문이다. 체력이 약하면 빨리 편안함을 찾기 마련이고 그러다 보면 인내심이 떨어지고 그 피로감을 견디지 못하게 되면 승부 따윈 상관없는 지경에 이르지. 이기고 싶다면 고민을 버텨 줄 몸을 먼저 만들어. '정신력'은 '체력'이란 외피의 보호 없이는 구호밖에 안 돼."

지난 2014년 인기리에 종영한 드라마 〈미생〉에 나온 명대사이다. 운동을 하고 체력을 기르는 이유는 건강해지기 위함도 있지만, 성공을 위해서 꼭 필요한 요소임을 강조하고 있다. 왜 드라마 〈미생〉에서는 이런 대사를 사용했으며 체력과 성공에는 어떤 긴밀한 연관이 있는 것일까? 바로 목표한 바를 이룰 때까지 우리를 버틸 수 있게 해 주는 힘, 정신력과 의지력이 필요하기 때문이다.

운동을 하는 궁극적인 이유는 혈액 순환이 잘되게 하기 위해서이다. 우리 몸의 에너지는 혈액을 통해 순환하며 영양분과 산소를 공급하면서 생성된다. 그러나 혈액 순환이 원활하지 못하면 우리의 몸은 쉽게 피로함을 느끼고 무기력해진다고 한다.

과거에는 "머리를 쓰지 않으면 몸이 고생한다."고 말했다. 하지만 현재는 "몸을 쓰지 않으면 머리가 고생한다."가 되었다.

하버드 대학교 뇌 의학 전문가 존 레이티 교수는 "뇌 기능을 최적화하기 위한 가장 강력한 도구는 운동"이라며 운동을 하면 뇌로 공급되는 혈액과 산소량이 늘어나면서 세포배양 속도가 빨라지고 신경세포인 뉴런 역시 활기차게 기능한다고 전했다.

또 신경학자 다니엘 울퍼트 또한 "뇌가 활동하는 이유는 몸을 움직이기 위해서"라고 전하며 몸을 움직이지 않으면 우리의 뇌는 중요하지 않은 것으로 간주하여 퇴화된다고 밝혔다.

이렇듯 운동은 지속적으로 우리 몸의 근육 강화는 물론 뇌를 깨우는 힘, 즉 의지력과 정신력을 강화시키는 원동력이다. 따라서 운동은 결국 뇌를 더 효율적으로 사용하기 위함이라고 전문가들은 입을 모아 이야기하고 있다.

우리가 퇴근 후에 너무 피곤해서 해야 할 일을 미루거나 자기계발을 등한시하고 소파 또는 침대에 드러눕는 이유, 게임을 좋아하는 사람의 딱 한 판이 2~3시간이 되며 통제력을 잃는 이유, 무기력의 이유 등은 '의지력'과 '정신력'이 무기력에 비해 약하기 때문이다.

미국의 심리학자 로이 바우마이스터는 의지력이 약해짐에 따라 예민해지고 때론 이기적이게 된다고 전하기도 했다. 그리고 그 의지력은 본인이 가진 체력에 비례해서 나온다.

"나는 원래 정신력이 강하지 않아. 퇴근하면 너무 피곤한 걸 어떡해?"라고 말하는 당신에게 전문가들은 운동을 통해 체력을 키움으로써 의지력과 정신력을 키울 수 있다는 해법을 제시하고 있는 셈이다. 무기력, 미루기 등의 문제들은 체력 관리와 밀접한 관련이 있다는 이야기이다.

성공을 맛본 대부분의 유명인들 또한 운동을 습관화하고 있다. 그 효과를 너무나도 잘 알고 있기 때문이다. 리처드 브랜슨 버진그룹 회장은 오전 5시에 기상해 테니스를 치거나 자전거를 타는 등 운동을 하면 생산성이 몇 배로 향상된다고 말한다. 그뿐만 아니라 수영, 요가, 클라이밍, 서핑 등 다양한 운동을 즐기는 운동 마니아이기도 하다. 브랜슨 회장은 말한다.

"운동을 하는 것으로 업무 능률을 2배 이상 향상
시킬 수 있다. 운동은 뇌 기능을 원활하게 유지시킨다."

버락 오바마 미국 전 대통령 또한 한 인터뷰에서 하루에 45분씩 일주일에 6일을 운동한다고 밝힌 바 있으며, 도널드 트럼프 미국 전 대통령도 주말에 골프를 치면서 체력 관리를 하는 것으로 잘 알려져 있다. 그 외에 많은 유명 인사, CEO들도 운동의 중요성을 강조하고 있다.

그런 의미에서 현재 2030 세대 사이에서 불고 있는 바디프로필 열풍 그리고 나이를 막론한 러닝 열풍은 상당히 긍정적인 유행이다.

나의 친구 중 한 명은 어느 날부턴가 모든 것을 포기해 버린 사람처럼 우울해 있었다. 뭔가 비참해 보이기까지 했다. 직장 생활에 지쳐 번아웃이 온 것이 그 이유이다. 또한 술이 취미라고 할 정도로 음주를 즐겼다. 사실 취미가 아니라 스트레스 해소 핑계라는 표현이 맞는 것 같다.

그러다 직장 선배의 지속적인 권유로 새벽 러닝을 뛰었다. 못 이기는 척 딱 한 번만 뛰기로 마음먹고 나갔다고 한다. 그렇게 반강제로 나갔던 러닝에서 놀랍게도 그는 새로운 활력을 찾았다. 그는 정신이 맑아지고 활기가 있다는 느낌이 이런 것이구나 하고 기뻐했다.

그 후로 친구를 다시 만났을 때 그는 매일 먹던 술을 끊었고, 얼굴의 혈색이 겉보기에도 티가 날 정도로 훨씬 좋아져 있었다. 이전과는 확연히 다른 사람이 되어 있었다. 친구는 러닝으로 인해 번아웃도 이겨 내고 새로운 것도 배우고 있다고 했다.

재밌는 것은 그렇게 자신을 괴롭힌다고 내게 뒷담화를 일삼았던 선배의 욕을 더 이상하지 않고, 좋은 선배라고 치켜세워 주기도 했다는 점이다. 현재에도 꾸준히 6시에 러닝을 하는 모습을 SNS에서 볼 때면, 아직까지 내 친구의 모습이 낯설기만 하다.

친구의 사례를 가까이서 접한 나는 문득 이런 생각이 들었다. 주변에 운동을 권유하는 사람이 있다는 것은 나에게 있어 엄청나게 큰 복이고, 그 복을 걷어차는 것은 상당히 어리석은 행동이라고 말이다.

앉아 있는 시간이 상대적으로 많은 나는 불가피하게 루틴에서 벗어나 새벽 운동을 하루 거르게 되면 하루에 몰려오는 피로감은 배가됨을 느낀다. 그래서 끊을 수가 없다. "처음에는 우리가 습관을 만들지만 그다음에는 습관이 우리를 만든다."는 존 드라이든의 말이 더욱 공감된다. 특히, 새벽 수영 후의 그 개운함은 나의 하루 컨디션에 가장 큰 역할을 한다.

체력을 키우기 위한 방법은 사람의 성향마다 그 종목이 다르다. 하지만 나의 신체적·정신적 건강과 가진 목표를 끝까지 해내기 위해서는 필연적으로 어떤 방법으로든 지속적으로 체력 관리를 해야 한다.

그리고 운동 방법은 굳이 하나하나 언급하지 않아도 정보와 배울 곳이 넘쳐난다. 필요한 건 나의 행동이다. 우리에게 주어진 축복인 신체를 함부로 대하지 않을 때, 우리에게 그에 맞는 값진 보상이 따르지 않을까?

췌장암으로 투병하다가 이제는 우리 곁을 떠난 스티브 잡스는 말했다.

"차를 운전해 줄 사람을 고용할 수 있고, 당신을 위해 돈을 벌어 줄 사람도 구할 수 있다. 하지만 대신 아파 줄 사람을 구할 수는 없다."

즉, 원하는 것을 얻는 가장 중요하고도 기본이 되는 것은 건강이다.

GOOD LUCK

확실한 것은 저자는 특별한 사람이 아니다. MBTI 유형 INTP 인 도전과 배움을 좋아하는 한 사람이다. 성공과 가까워지기 위해 지난 5년간 새로운 지식을 터득하고, 차곡차곡 쌓아 올린 독서와 필사노트, 배움 노트 그리고 변화를 시도한 생활습관까지, 그동안 발전한 흔적들을 하나하나 살피며 되돌아보니 정말 의미 없는 것 하나 없이 전부 소중한 자산이 되었음을 여실히 느낀다. 그렇게 느낀 이유는 적극적으로 행동했기 때문이다.

삼성, 애플과 같은 세계적인 기업들이 지속적인 성장과 부를 쌓고 있는 것은 쌓인 지식과 가진 기술들을 세계인에게 공유했기에 가능한 일이었다. 이를 모델 삼아 쌓아 놓은 지식을 공유하기 위해 집필을 하기로 호기롭게 마음먹고 시작한 지가 엊그제 같은데, 벌써 에필로그를 쓰고 있으니 뭔가 시원섭섭하다.

독자들에게 양질의 정보를 제공하겠다는 마음과 지금 하루가 다르게 무럭무럭 자라나고 있는 나의 딸이 미래에 꿈을 찾기 위해 고민할 때가 오면 이 책을 꼭 읽었으면 하는 마음으로 집필했다. 또한 저자의 지속적인 발전과 자각을 위해 언제든 펼쳐 보려고, 최대한 거리감 없이 이해하기 쉽게 글을 쓰려 노력했다.

집필 과정이 그리 순탄치만은 않았다. 자신 있게 원고를 줄줄 써 내려가는 경우도 있었고, 중간에 극심한 슬럼프를 겪기도 했지만 이는 모두 기분 좋은 스트레스였고 나를 한 단계 더 발전시키는 좋은 약이었다.

저자는 'GOOD LUCK'이라는 말을 정말 좋아한다. 정확하게는 '행운을 빈다'는 뜻보다는 GOOD과 LUCK을 분리한 각 각의 단어들이 좋다. 이 두 단어가 나의 발전의 원동력이기 때문이다.

기회와 운은 만들어 가는 것이라 생각한다. 그렇기에 행운(LUCK)과 기회가 찾아온다면 내가 현재를 잘 살아가고 있다고 칭찬해 주고, 만약 실패하더라도 오히려 잘됐다(GOOD)고 스스로에게 말한다. 그로 인해 앞으로 실패하지 않을 방법을 또 하나 찾은 소중한 경험이자 자산이기 때문이다.

독자들도 이 방법을 한번 활용해 봤으면 한다. 간혹 실패하거나 문제의 벽에 부딪힐 때 흔들리는 멘탈을 단단히 부여잡는 데 큰 도움이 된다.

이 책으로 인해 행동으로 이어지며 제대로 변화하는 삶을 살아가는 사람이 단 한 명이라도 있다면 나에게 큰 성공이다. 또한 책 내용 중간중간에 소개한 도서들을 찾아 읽어 보며 독서의 가지가 쭉쭉 뻗어 나갔으면 하는 바람이다. 실제로 저자가 많은 배움을 얻을 수 있었던 도서들이다.

배움 자체를 즐기는 자를 이길 수 있는 사람은 아무도 없다고 하지 않는가. 배우고 습득하고 행동하며 원하는 것을 꼭 얻길 바란다.

마지막으로 나의 책을 선택해 주고 끝까지 정독해 주신 독자 여러분께 깊은 감사의 인사를 전하며, 항상 소통하고 도전하며 함께 성장하기 위해 최선을 다하는 작가가 될 것이라고 굳게 약속한다. GOOD, LUCK!

차곡차곡 정성스레 쌓아 놓은 인사이트로 처음 도전하는 책 집필 과정에서 함께 방향성을 살피고 고민해 주신 서안 작가님께 깊은 감사 인사를 전하며 도서 집필에 오롯이 집중할 수 있도록 옆에서 많은 응원과 힘을 불어넣어 준 나의 아내, 딸을 비롯한 가족들과 친구, 지인들에게 이 자리를 빌려 정말 감사하고 사랑한다는 인사를 전한다.

- 김주미, 『외모는 자존감이다』, 다산4.0, 2016.

- 고가 후미타케, 기시미 이치로, 『미움받을용기』 인플루엔셜, 2014.

- 폴 스톨츠, 『역경지수 : 장애물을 기회로 전환시켜라』

- 김주환, 『회복탄력성』, 위즈덤 하우스, 2019.

- 김용섭, 『프로페셔널 스튜던트』, 퍼블리온, 2021.

- 자청, 『역행자』, 웅진지식하우스, 2022.

- 김연아, 『김연아의 7분 드라마』, 중앙출판사, 2010.

- 그랜트 카돈, 『10배의 법칙』, 부키, 2022.

- 켈리 최, 『웰씽킹』, 다산북스, 2021.

- 알렉스 수정 김 방, 『일만 하지 않습니다』, 한국경제신문, 2018.

- 아리아나 허핑턴, 『수면 혁명』, 민음사, 2016.

- 어니 젤린스키, 『모르고 사는 즐거움』, 랜덤하우스코리아,1997.

- 데일 카네기, 『걱정을 멈추고 즐겁게 사는 법』, 리더북스, 2016.

- 가오위안, 『모두에게 좋은 사람일 수 없다』, 와이즈맵, 2020.

- 홍정욱, 『50 홍정욱 에세이』, 위즈덤하우스, 2021.